Narzisstische Persönlichkeitsstör ung entlarven

Verstehen und Heilung von toxischen Beziehungen

Verda Daves

Inhaltsverzeichnis

Einführung

Narzisstische Persönlichkeitsstörung (NPD) ist mehr als nur ein Begriff, der in alltäglichen Gesprächen beiläufig herumgeworfen wird. Es handelt sich um eine tiefgreifende und komplexe psychische Erkrankung, die nicht nur das Leben derjenigen prägt, die damit leben, sondern auch der Personen, die mit ihnen interagieren. Für viele geschieht die erste Begegnung mit Narzissmus nicht durch eine klinische Linse, sondern eher im Kontext einer Beziehung – sei es romantisch, familiär, beruflich oder sozial. Die weitreichenden Folgen dieser Störung führen oft dazu, dass sich die Menschen verwirrt und ausgelaugt fühlen und ihre eigene Realität in Frage stellen. In diesem Buch wollen wir die Schichten der NPD aufdecken, ihre wahre Natur enthüllen und einen Weg zum Verständnis und zur Heilung von den toxischen Beziehungen aufzeigen, die so oft entstehen.

Was ist eine narzisstische Persönlichkeitsstörung?

Die narzisstische Persönlichkeitsstörung ist eine anerkannte psychische Erkrankung, die im Diagnostic and Statistical Manual of Mental Disorders (DSM-5) in die Gruppe B-Persönlichkeitsstörungen eingeordnet wird. Im Kern zeichnet sich NPD durch ein allgegenwärtiges Muster von Grandiosität, einem ständigen Bedürfnis nach Bewunderung und einem Mangel an Empathie aus. Diese Merkmale sind keine flüchtigen oder gelegentlichen Merkmale, sondern tief verwurzelte Aspekte der Persönlichkeit einer Person.

Auf die Außenwelt wirken Menschen mit NPD oft selbstbewusst, charismatisch und selbstbewusst. Sie können sich im Beruf oder im gesellschaftlichen Umfeld hervortun, wo Charme und Ehrgeiz von Vorteil sein können. Unter der Oberfläche wird ihr Verhalten jedoch häufig von tiefsitzenden Unsicherheiten und dem überwältigenden Bedürfnis, ihr fragiles Selbstwertgefühl zu schützen, bestimmt. Diese Dichotomie führt zu einer komplexen und oft widersprüchlichen Persönlichkeit, die die Menschen um sie herum verwirrt und emotional verletzt zurücklässt.

NarzisstInnen zeigen oft Verhaltensweisen, die ihr überhöhtes Selbstbild aufrechterhalten. Sie können ihre Leistungen übertreiben, die Erfolge anderer abtun oder Situationen manipulieren, um sicherzustellen, dass sie immer im Rampenlicht stehen. Empathie, der Grundstein für eine sinnvolle zwischenmenschliche Verbindung, fehlt oft. Diese Unfähigkeit, sich wirklich um die Gefühle oder Erfahrungen anderer zu kümmern, ist einer der schädlichsten Aspekte der NPD, insbesondere in engen Beziehungen.

Während narzisstische Züge in einem Spektrum vorhanden sein können, ist nicht jeder, der egozentrisches Verhalten zeigt, für eine NPD-Diagnose qualifiziert. Echte NPD ist eine schwere, chronische Erkrankung, die sich auf mehrere Lebensbereiche auswirkt, darunter Beziehungen, Arbeit und Selbstwahrnehmung. Das Verständnis des Unterschieds zwischen gelegentlichem Egoismus und pathologischem Narzissmus ist entscheidend für die Steuerung der Interaktionen mit Personen, die diese Merkmale aufweisen könnten.

Der versteckte Einfluss von NPD auf Beziehungen

Der Kern der narzisstischen Persönlichkeitsstörung ist ihre verheerendste Konsequenz: der Tribut, den sie für Beziehungen mit sich bringt. Narzissten dringen oft mit Charme in das Leben der Menschen ein und erzeugen zunächst die Illusion von Verbundenheit und Intimität. Ob als romantischer Partner, Freund oder Familienmitglied, sie können zumindest am Anfang aufmerksam, großzügig und sogar selbstlos wirken. Diese anfängliche Phase der Idealisierung wird oft als berauschend beschrieben, da sie Menschen anzieht und ihnen das Gefühl gibt, einzigartig wertgeschätzt zu werden.

Allerdings ist diese Fassade selten nachhaltig. Mit der Zeit beginnt das Bedürfnis des Narzissten nach Kontrolle, Bestätigung und Überlegenheit seinen ursprünglichen Charme zu überschatten. Die Beziehung gerät oft in einen Kreislauf der Idealisierung, Abwertung und in vielen Fällen schließlich auch des Verwerfens. Während der Abwertungsphase kann der Narzisst kritisch, abweisend oder sogar beleidigend werden, sodass sich die andere Person unwürdig und verwirrt fühlt. Diese emotionale Achterbahnfahrt untergräbt nicht nur das Selbstwertgefühl, sondern fördert auch die Abhängigkeit, da das Opfer versucht, die Anerkennung zurückzugewinnen, die es einst erhalten hat.

Eine der heimtückischsten Dynamiken in Beziehungen mit Narzissten ist der Einsatz von Manipulationstaktiken. Gaslighting zum Beispiel ist ein häufiges Verhalten, bei dem der Narzisst die Realität verzerrt, um sein Opfer an seinen eigenen Wahrnehmungen und Erinnerungen zweifeln zu lassen. Dies kann mit der Zeit zu einem Vertrauensverlust und der Unfähigkeit führen, dem eigenen Urteil zu vertrauen. Andere Taktiken wie Triangulation, Schuldzuweisungen und Schweigen dienen dazu, die Kontrolle des Narzissten aufrechtzuerhalten und gleichzeitig seinen Partner oder geliebten Menschen in einem Zustand emotionalen Aufruhrs zu halten.

Der durch NPD verursachte Schaden beschränkt sich nicht nur auf romantische Beziehungen. Familienmitglieder, insbesondere Kinder narzisstischer Eltern, tragen oft langfristige Narben davon. Ein Elternteil mit NPD stellt möglicherweise unrealistische Erwartungen auf, zeigt Bevorzugung oder nutzt sein

Kind als Erweiterung seines eigenen Egos. Dies kann zu tiefgreifender emotionaler Vernachlässigung führen, sodass sich das Kind unsichtbar und ungeliebt fühlt. Am Arbeitsplatz können narzisstische Vorgesetzte oder Kollegen durch Mikromanagement, Ausbeutung und ein unerbittliches Dominanzbedürfnis toxische Umgebungen schaffen.

Was es besonders schwierig macht, die Auswirkungen der NPD anzugehen, ist ihr verdeckter Charakter. Narzissten sind oft in der Lage, ein gepflegtes Äußeres zu bewahren, was es für Außenstehende schwierig macht, die Dysfunktion in ihren Beziehungen zu erkennen. Opfer fühlen sich möglicherweise isoliert, da ihre Erfahrungen von anderen, die nicht über den Charme des Narzissten hinausschauen können, entkräftet oder abgetan werden. Dieses Gefühl der Isolation verstärkt die emotionale Belastung und macht es für die Opfer schwieriger, Hilfe zu suchen oder der toxischen Dynamik zu entkommen.

Warum es wichtig ist, NPD zu verstehen

Die narzisstische Persönlichkeitsstörung ist nicht nur eine klinische Diagnose – sie ist ein soziales Phänomen mit weitreichenden Auswirkungen. Das Verständnis der NPD ist aus mehreren Gründen von entscheidender Bedeutung, nicht zuletzt wegen der Stärkung, die sie den Betroffenen bietet. Bewusstsein ist der erste Schritt, um sich von der Verwirrung und den Selbstzweifeln zu befreien, die häufig mit Interaktionen mit Narzissten einhergehen.

Für Personen in einer Beziehung mit NarzisstInnen bringt das Verständnis der Störung Klarheit. Es verlagert den Fokus von Selbstvorwürfen hin zum Erkennen der Verhaltensmuster des Narzissten. Dieser Wandel ist für die Heilung von entscheidender Bedeutung, da er es den Opfern ermöglicht, die Manipulation als das zu erkennen, was sie ist, anstatt sie als persönliches Versagen zu verinnerlichen. Das Erkennen der Anzeichen einer NPD kann Menschen auch dabei helfen, sich gar nicht erst auf toxische Beziehungen einzulassen, und ihnen so den emotionalen Schmerz ersparen, der oft mit solchen Beziehungen einhergeht.

Aus einer breiteren Perspektive trägt das Verständnis von NPD zu einem größeren gesellschaftlichen Bewusstsein für emotionalen Missbrauch und Manipulation bei. Viele Menschen leiden im Stillen und sind nicht in der Lage, die Dynamik ihrer Beziehungen oder den erlittenen Schaden auszudrücken. Indem wir die NPD beleuchten, schaffen wir eine Sprache und einen Rahmen für die Diskussion dieser Themen und fördern Empathie und Unterstützung für diejenigen, die sie am meisten brauchen.

Darüber hinaus ist die Aufklärung über NPD für Fachkräfte im Bereich der psychischen Gesundheit, Pädagogen und Gemeindevorsteher von entscheidender Bedeutung, die möglicherweise auf Personen treffen, die an der Störung oder ihren Auswirkungen leiden. Mit einem größeren Verständnis können diese Fachkräfte wirksamere Interventionen anbieten, sei es durch Therapie, Selbsthilfegruppen oder öffentliche Aufklärungskampagnen.

Schließlich ist das Verständnis von NPD ein Weg zu persönlichem Wachstum und Belastbarkeit. Narzisstische Beziehungen führen oft dazu, dass Menschen ihren Wert und ihre Fähigkeiten in Frage stellen. Indem sie etwas über die Störung, ihre Ursprünge und ihre Auswirkungen erfahren, können Überlebende beginnen, ihr Selbstbewusstsein wieder aufzubauen. Heilung ist nicht nur möglich, sondern auch erreichbar, und sie beginnt mit der Erkenntnis, dass das toxische Verhalten, das sie erlitten haben, nie ihre Schuld war.

Dieses Buch soll als Leuchtfeuer der Hoffnung und des Verständnisses für alle dienen, deren Leben von der NPD betroffen war. Egal, ob Sie aus einer toxischen Beziehung ausbrechen, vergangene Wunden heilen oder einfach nur Einblick in diese komplexe Störung gewinnen möchten, auf diesen Seiten finden Sie Anleitung und Unterstützung. Gemeinsam werden wir die Realität der NPD erforschen, Strategien zur Bewältigung und Genesung aufdecken und die Möglichkeit eines Lebens frei von den Schatten narzisstischer Einflüsse annehmen.

Kapitel 1

Narzisstische Persönlichkeitsstörung erkennen

Die narzisstische Persönlichkeitsstörung (NPD) ist eine tiefgreifende psychische Erkrankung, die sowohl subtile als auch offensichtliche Manifestationen aufweist. Viele Menschen erkennen möglicherweise bestimmte narzisstische Merkmale in den Menschen um sie herum oder sogar in sich selbst, aber NPD geht weit über gelegentliche Egozentrik oder Arroganz hinaus. Es handelt sich um eine chronische und weit verbreitete Störung, die die Beziehungen, Verhaltensweisen und Lebensentscheidungen des Einzelnen erheblich beeinträchtigt. Zu verstehen, wie man diese Störung erkennt, ist nicht nur für diejenigen, die möglicherweise davon betroffen sind, von entscheidender Bedeutung, sondern auch für jeden, der Beziehungen zu Personen pflegen möchte, die diese Muster aufweisen. In diesem Kapitel werden die wichtigsten Merkmale und Verhaltensweisen von NPD, die verschiedenen Arten von Narzissten und die Art und Weise untersucht, wie sich die Störung im Alltag manifestiert.

Hauptmerkmale und Verhaltensweisen der NPD

Im Kern ist die narzisstische Persönlichkeitsstörung durch eine Kombination aus Grandiosität, einem ständigen Bedürfnis nach Bewunderung und einem Mangel an Empathie gekennzeichnet. Während diese Merkmale einfach erscheinen mögen, kann ihr Ausdruck stark variieren und vermischen sich häufig mit alltäglichen Interaktionen, sodass sie ohne genauere Beobachtung schwer zu identifizieren sind.

Eines der charakteristischen Merkmale der NPD ist ein übertriebenes Selbstwertgefühl. Menschen mit dieser Störung betrachten sich oft als überlegen gegenüber anderen und glauben möglicherweise, dass sie eine besondere Behandlung oder Anerkennung verdienen. Sie könnten ihre Erfolge ausschmücken, Erfolge fabrizieren oder ihre Talente übertreiben, um ihr Selbstbild aufrechtzuerhalten. Diese Grandiosität beruht oft nicht auf der Realität, sondern auf dem tiefen Bedürfnis, in den Augen anderer außergewöhnlich zu erscheinen.

Ein unerbittliches Verlangen nach Bewunderung ist ein weiteres charakteristisches Merkmal. Menschen mit NPD suchen oft nach ständiger Bestätigung durch andere und fühlen sich unwohl oder sogar verzweifelt, wenn sie nicht im Mittelpunkt der Aufmerksamkeit stehen. Komplimente und Lob werden nicht nur geschätzt; Sie müssen ihr fragiles Selbstwertgefühl aufrechterhalten. Kritik, egal wie konstruktiv oder mild, kann heftige Reaktionen wie Wut, Abwehrhaltung oder Rückzug hervorrufen.

Der Mangel an Empathie bei Personen mit NPD ist möglicherweise der schädlichste Aspekt der Störung. Es fällt ihnen schwer, die Gefühle, Bedürfnisse oder Erfahrungen anderer zu verstehen oder sich wirklich um sie zu kümmern. Dieses Defizit an emotionaler Bindung führt oft zu ausbeuterischem oder abweisendem Verhalten. Beispielsweise können sie andere zum persönlichen Vorteil ausnutzen, ohne Rücksicht auf den verursachten Schaden, oder den Schmerz anderer als unbedeutend im Vergleich zu ihren eigenen Kämpfen abtun.

Zu den weiteren häufigen Verhaltensweisen zählen ein Anspruchsgefühl, bei dem der Einzelne eine Sonderbehandlung ohne Gegenleistung erwartet, und die Tendenz, Beziehungen zum persönlichen Vorteil auszunutzen. Sie können auch Arroganz oder Herablassung an den Tag legen und andere herabwürdigen, um sich selbst aufzuwerten. Während einige dieser Verhaltensweisen offensichtlich und leicht zu erkennen sind, können andere subtil sein und die Person zunächst charmant oder charismatisch erscheinen lassen, doch mit der Zeit kommen die narzisstischen Züge zum Vorschein.

Die verschiedenen Arten von Narzissten

Die narzisstische Persönlichkeitsstörung ist keine einheitliche Erkrankung. Personen mit NPD können ihre Merkmale auf unterschiedliche Weise zeigen, was zur Identifizierung unterschiedlicher Subtypen des Narzissmus führt. Das Erkennen dieser Variationen ist entscheidend für das Verständnis der Komplexität der Störung und der Herausforderungen, die sie in Beziehungen mit sich bringt.

Der grandiose oder offene Narzisst ist vielleicht der bekannteste Typ. Diese Personen sind äußerlich selbstbewusst, prahlerisch und aufmerksamkeitsstark. Sie leben von Bewunderung und dominieren Gespräche oft mit Geschichten über ihre Leistungen. Ihre Arroganz und ihr selbstsicheres Auftreten können sie erfolgreich und charismatisch erscheinen lassen, aber unter der Oberfläche werden ihre Handlungen oft von dem Bedürfnis bestimmt, tiefsitzende Unsicherheiten zu verbergen.

Im Gegensatz dazu stellt der verdeckte Narzisst, auch bekannt als der verletzliche Narzisst, eine subtilere Version der Störung dar. Verdeckte Narzisstinnen wirken möglicherweise schüchtern, zurückhaltend oder sogar selbstironisch, aber ihre zugrunde liegenden Merkmale ähneln denen ihrer offenen Gegenstücke. Sie sehnen sich nach Bewunderung und Anerkennung, können ihre Bedürfnisse aber auch durch passiv-aggressives

Verhalten oder durch die Rolle des Opfers zum Ausdruck bringen. Verdeckte Narzissten hegen oft Gefühle von Neid und Groll, weil sie glauben, dass andere zu Unrecht den Erfolg oder die Anerkennung erlangt haben, die sie verdienen.

Der bösartige Narzisst stellt einen gefährlicheren und destruktiveren Subtyp dar. Diese Personen kombinieren die Merkmale des Narzissmus mit Elementen asozialen Verhaltens wie mangelnder Reue, Manipulationsfähigkeit und einer Neigung zur Grausamkeit. Bösartige Narzissten sind nicht nur egozentrisch, sondern auch rachsüchtig und unternehmen oft große Anstrengungen, um anderen zu schaden oder sie zu untergraben. Diese Art von Narzissmus ist in Beziehungen besonders schädlich, da es sich oft um vorsätzlichen emotionalen oder psychischen Missbrauch handelt.

Schließlich kanalisieren kommunale Narzissten ihr Bedürfnis nach Bestätigung in altruistische oder gemeinschaftsorientierte Aktivitäten. Sie mögen sich als großzügige, fürsorgliche oder selbstlose Individuen präsentieren, aber ihre Handlungen sind letztendlich von dem Wunsch nach Anerkennung und Lob motiviert. Ein kommunaler Narzisst könnte sich beispielsweise ehrenamtlich für wohltätige Zwecke engagieren oder ein Gemeinschaftsprojekt leiten, nicht aus echter Sorge um andere, sondern um Bewunderung zu erlangen und ihr Image als wohlwollende Persönlichkeit zu stärken.

Das Verständnis dieser Subtypen hilft, die vielen Gesichter des Narzissmus zu beleuchten. Während die Merkmale des offenen Narzissten offensichtlicher sind, kann es schwieriger sein, die verdeckten und gemeinschaftlichen Typen zu erkennen, da ihr Verhalten auf den ersten Blick harmlos oder sogar bewundernswert erscheinen kann. Das Erkennen der Muster unter der Oberfläche ist für die Identifizierung und Steuerung von Interaktionen mit Personen, die diese Merkmale aufweisen, von entscheidender Bedeutung.

Wie sich NPD im Alltag manifestiert

Die Manifestationen einer narzisstischen Persönlichkeitsstörung erstrecken sich auf nahezu jeden Lebensbereich eines Menschen und wirken sich auf seine Beziehungen, seine Karriere und seine sozialen Interaktionen aus. Obwohl die Störung in tiefen psychologischen Mustern verwurzelt ist, sind ihre Auswirkungen am deutlichsten im alltäglichen Verhalten und in den Interaktionen zu erkennen.

In persönlichen Beziehungen erzeugen Narzissten oft eine Dynamik, die sich um ihre Bedürfnisse und Wünsche dreht. Sie gehen möglicherweise eine romantische Beziehung mit Charme und Intensität ein und überschütten ihren Partner in der Anfangsphase mit Zuneigung und Aufmerksamkeit. Diese Phase, die oft als Love-Bombing bezeichnet wird, kann für den Partner berauschend sein, da er vielleicht glaubt, jemanden gefunden zu haben, der ihm wirklich ergeben ist. Doch je weiter die Beziehung voranschreitet, desto mehr kommen die wahren Eigenschaften des Narzissten zum Vorschein.

Mit der Zeit kann der Narzisst kontrollierend, kritisch oder emotional distanziert werden. Sie nutzen oft Manipulationstaktiken wie Gaslighting, um die Macht in der Beziehung aufrechtzuerhalten. Beim Gaslighting geht es darum, die Realität zu verzerren, um die andere Person dazu zu bringen, ihre Wahrnehmung, ihr Gedächtnis oder ihren Verstand in Frage zu stellen. Sie könnten beispielsweise leugnen, einen verletzenden Kommentar abgegeben zu haben, oder ihrem Partner vorwerfen, überreagiert zu haben, selbst wenn ihr Verhalten eindeutig schädlich ist. Diese Taktik untergräbt das Selbstvertrauen und den Realitätssinn des Partners und macht ihn abhängiger von der Bestätigung und Führung durch den Narzissten.

In Freundschaften dominieren Narzissten möglicherweise Gespräche, suchen ständige Aufmerksamkeit und nutzen ihre Freunde als Publikum für ihre Erfolge oder Probleme. Sie betrachten Freundschaften oft als transaktional und schätzen andere in erster Linie für das, was sie bieten können, und nicht für das, was sie sind. Wenn ein Freund seinen Zweck nicht mehr erfüllt, kann der Narzisst ihn ohne zu zögern verwerfen, was bei der anderen Person oft das Gefühl hinterlässt, verwirrt oder betrogen zu sein.

Am Arbeitsplatz können Personen mit NPD in Rollen hervorragende Leistungen erbringen, die es ihnen ermöglichen, ihre Talente zu zeigen und Anerkennung zu erlangen. Ihr Bedürfnis nach Dominanz und Bewunderung kann jedoch eine toxische Dynamik erzeugen. Sie nehmen möglicherweise Anerkennung für die Arbeit anderer in Anspruch, untergraben Kollegen oder wenden manipulative Taktiken an, um auf der Karriereleiter aufzusteigen. Ihre Unfähigkeit, Kritik anzunehmen oder im Rampenlicht zu stehen, kann zu Konflikten mit Kollegen und Vorgesetzten führen. Trotz ihres äußerlichen Selbstvertrauens reagieren sie oft schlecht auf vermeintliche Bedrohungen ihres Status oder ihrer Autorität.

Selbst in gelegentlichen sozialen Interaktionen können die Merkmale der NPD deutlich werden. Narzissten können Gespräche monopolisieren, die Meinungen anderer ablehnen oder ständig nach Bestätigung durch soziale Medien oder andere öffentliche Plattformen suchen. Sie könnten ein Bild von Erfolg und Glück vermitteln und gleichzeitig ihre Schwachstellen und Unsicherheiten verbergen. Ihre Interaktionen sind oft transaktionaler Natur und konzentrieren sich eher darauf, Bewunderung zu erlangen oder ihre Ziele zu erreichen, als auf die Pflege echter Verbindungen.

Während diese Manifestationen je nach Person und Kontext variieren können, bleiben die zugrunde liegenden Muster konsistent. Narzissten stellen ihre Bedürfnisse und ihr Selbstbild über alles andere, oft auf Kosten ihrer Mitmenschen. Das Erkennen dieser Verhaltensweisen im Alltag ist der erste Schritt zum Verständnis und zur Bewältigung der Auswirkungen von NPD.

Durch die Untersuchung der Hauptmerkmale, verschiedenen Typen und alltäglichen Erscheinungsformen der NPD hat dieses Kapitel den Grundstein für die Erkennung der Störung in ihren verschiedenen Formen gelegt. Durch das Erkennen dieser Muster können Leser beginnen, Beziehungen zu Narzissten effektiver zu steuern und Maßnahmen zum Schutz ihres emotionalen Wohlbefindens zu ergreifen. Das Verständnis der Komplexität von NPD ist nicht nur ein Werkzeug zur Selbsterhaltung, sondern auch ein Weg zur Förderung gesünderer und authentischerer Verbindungen.

Kapitel 2

Die Wurzeln des Narzissmus

Die narzisstische Persönlichkeitsstörung (NPD) tritt nicht isoliert auf und tritt auch nicht plötzlich im Erwachsenenalter auf. Wie bei einem Baum liegen seine Wurzeln tief unter der Oberfläche, geformt durch eine Kombination aus frühen Lebenserfahrungen, genetischen Veranlagungen und Umwelteinflüssen. Um die Störung vollständig zu verstehen, ist es wichtig, ihren Ursprung herauszufinden und zu untersuchen, wie diese Faktoren zur Entwicklung narzisstischer Merkmale beitragen. Durch die Untersuchung von Kindheitserfahrungen, dem Zusammenspiel von Genetik und Umwelt sowie den gesellschaftlichen Kräften, die narzisstische Tendenzen prägen, können wir die komplexen Grundlagen dieser Persönlichkeitsstörung aufdecken.

Kindheitserlebnisse und Persönlichkeitsentwicklung

Die prägenden Jahre der Kindheit spielen eine entscheidende Rolle bei der Persönlichkeitsbildung eines Menschen, einschließlich der Entwicklung narzisstischer Züge. Während die Erfahrungen jedes

Einzelnen einzigartig sind, werden bestimmte Muster häufig in den frühen Leben derjenigen beobachtet, die später Anzeichen einer narzisstischen Persönlichkeitsstörung zeigen.

Einer der wichtigsten Faktoren für den Narzissmus ist die Art der Eltern-Kind-Beziehung. Eltern dienen als primäre Spiegel, durch die Kinder beginnen, ihre eigene Identität und ihren eigenen Wert zu verstehen. Wenn diese Spiegel verzerrt sind, sei es durch Vernachlässigung, übermäßigen Genuss oder inkonsistente Fürsorge, können Kinder schlecht angepasste Bewältigungsmechanismen entwickeln, um ihr Selbstbewusstsein zu schützen.

Vernachlässigung oder emotionale Nichtverfügbarkeit in der Kindheit können zu tiefer Unsicherheit und mangelndem Selbstwertgefühl führen. Ein Kind, das mit dem Gefühl aufwächst, unsichtbar oder unwichtig zu sein, kann als Abwehrmechanismus narzisstische Züge entwickeln. Indem sie ein grandioses Selbstbild schaffen und nach externer Bestätigung streben, versuchen sie, die Lücke zu füllen, die ihre unerfüllten emotionalen Bedürfnisse hinterlassen. Dieses Muster wird oft als „kompensatorischer Narzissmus" beschrieben, bei dem äußeres Selbstvertrauen eine innere Zerbrechlichkeit verdeckt.

Umgekehrt können übermäßiges Lob und übermäßiger Genuss auch zur Entwicklung von Narzissmus beitragen. Kindern, denen ständig gesagt wird, dass sie außergewöhnlich sind, ohne dass ihnen Demut oder Empathie beigebracht wird, kann es sein, dass sie in dem Glauben aufwachsen, dass sie anderen von Natur aus überlegen sind. Dieses Anspruchsgefühl wird zu einem Eckpfeiler ihrer Identität und führt dazu, dass sie im Erwachsenenalter Bewunderung und Sonderbehandlung erwarten.

Inkonsistente Erziehung, bei der eine Bezugsperson zwischen Wärme und Ablehnung wechselt, kann bei einem Kind Verwirrung und Angst hervorrufen. Diese Unvorhersehbarkeit führt oft zu einem verzweifelten Bedürfnis nach Anerkennung und zu einer Angst vor dem Verlassenwerden. Als Erwachsene können diese Personen narzisstische Züge entwickeln, um die Kontrolle über ihre Beziehungen zu behalten und sich vor dem Schmerz der Ablehnung zu schützen.

Traumata, ob emotional, physisch oder psychisch, sind ein weiterer Faktor, der zur Entwicklung einer NPD beitragen kann. Ein Kind, das Missbrauch oder Vernachlässigung erlebt, kann narzisstische Verhaltensweisen als Überlebensstrategie übernehmen. Indem sie sich von ihrer Verletzlichkeit distanzieren und Stärke ausstrahlen, schützen sie sich vor weiterem Schaden. Mit der Zeit verfestigen sich diese Verhaltensweisen und bilden die Grundlage ihrer Persönlichkeit.

Auch die Rolle der frühen Bindung ist von entscheidender Bedeutung. Kinder, die keine sichere

Bindung zu ihren Betreuern aufbauen, haben möglicherweise Schwierigkeiten, eine gesunde emotionale Regulierung und ein gesundes Selbstwertgefühl zu entwickeln. Dieses Fehlen einer stabilen Grundlage kann die Voraussetzungen für die Entwicklung narzisstischer Merkmale schaffen, da der Einzelne versucht, durch externe Bestätigung und Kontrolle sein eigenes Gefühl der Stabilität zu schaffen.

Obwohl nicht alle Menschen mit einer schwierigen Kindheit eine NPD entwickeln und nicht alle Menschen mit einer NPD eine traumatische Vergangenheit haben, ist der Zusammenhang zwischen frühen Erfahrungen und der Persönlichkeitsentwicklung unbestreitbar. Die Art und Weise, wie ein Kind gefördert oder vernachlässigt wird, hat einen tiefgreifenden und dauerhaften Einfluss darauf, wie es sich selbst wahrnimmt und wie es mit anderen umgeht.

Die Rolle von Genetik und Umwelt

Die Wurzeln des Narzissmus liegen nicht nur in Kindheitserfahrungen. Auch das Zusammenspiel von Genetik und Umwelt spielt eine entscheidende Rolle bei der Entwicklung narzisstischer Merkmale. Wie viele psychische Erkrankungen wird NPD durch eine Kombination aus biologischen Veranlagungen und äußeren Umständen beeinflusst.

Untersuchungen legen nahe, dass bestimmte genetische Faktoren zur Anfälligkeit einer Person für die Entwicklung einer NPD beitragen können. Es wird angenommen, dass diese genetischen Einflüsse Merkmale wie Temperament, emotionale Regulierung und Sensibilität gegenüber Belohnung und Bestrafung beeinflussen. Beispielsweise neigen Personen, die von Natur aus empfindlicher auf äußere Reize reagieren, möglicherweise eher dazu, Bestätigung zu suchen und Kritik zu vermeiden, Verhaltensweisen, die häufig mit Narzissmus in Verbindung gebracht werden.

Studien zur Erblichkeit haben gezeigt, dass Persönlichkeitsmerkmale, auch solche, die mit Narzissmus in Verbindung stehen, in Familien vorkommen können. Es ist jedoch wichtig zu beachten, dass die Genetik allein nicht darüber entscheidet, ob jemand eine NPD entwickelt. Stattdessen erzeugen sie eine Veranlagung, die durch Umweltfaktoren geprägt und beeinflusst wird.

Das Umfeld, in dem ein Mensch aufwächst, hat einen tiefgreifenden Einfluss darauf, wie sich seine genetischen Veranlagungen manifestieren. Eine nährende und unterstützende Umgebung kann dazu beitragen, das Risiko der Entwicklung narzisstischer Züge zu verringern, selbst bei Personen mit einer genetischen Veranlagung. Umgekehrt kann ein instabiles oder missbräuchliches Umfeld diese Merkmale verstärken und die Wahrscheinlichkeit einer NPD erhöhen.

Umweltfaktoren reichen über das Zuhause der Familie hinaus. Auch schulische Erfahrungen, Beziehungen zu Gleichaltrigen und kulturelle Einflüsse tragen zur Persönlichkeitsentwicklung bei. Ein Kind, das gemobbt oder ausgegrenzt wird, kann narzisstische Züge entwickeln, um ein Gefühl der Kontrolle und des Selbstwertgefühls zurückzugewinnen. Ebenso kann es sein, dass ein Kind, das für oberflächliche Leistungen wie Aussehen oder Leistung belohnt wird, seinen Wert eher mit äußerer Bestätigung als mit intrinsischen Qualitäten in Verbindung bringt.

Die Interaktion zwischen Genetik und Umwelt wird oft als „Gen-Umwelt-Wechselspiel" beschrieben. Beispielsweise kann ein Kind mit einer genetischen Veranlagung für erhöhte Sensibilität stärker von einem kritischen oder nachlässigen Elternteil betroffen sein als ein Kind ohne diese Veranlagung. Diese Dynamik unterstreicht die Komplexität der Wurzeln des Narzissmus, da kein einzelner Faktor seine Entwicklung vollständig erklären kann.

Neben der Genetik und der Erziehung spielt auch das breitere soziale Umfeld eine Rolle bei der Gestaltung narzisstischer Tendenzen. Kulturelle Normen, gesellschaftliche Erwartungen und historische Ereignisse beeinflussen alle, wie der Einzelne sich selbst und seinen Platz in der Welt wahrnimmt.

Wie die Gesellschaft narzisstische Tendenzen prägt

Die moderne Gesellschaft spielt unbestreitbar eine Rolle bei der Förderung und Aufrechterhaltung narzisstischer Tendenzen. Während es sich bei der narzisstischen Persönlichkeitsstörung um eine klinische Diagnose handelt, wird die Prävalenz narzisstischer Merkmale in der Allgemeinbevölkerung mit kulturellen und gesellschaftlichen Faktoren in Verbindung gebracht. Die Art und Weise, wie die Gesellschaft Erfolg, Aussehen und Individualismus wertschätzt, kann einen fruchtbaren Boden für die Entwicklung narzisstischer Verhaltensweisen schaffen.

Einer der bedeutendsten gesellschaftlichen Einflüsse ist der Aufstieg der sozialen Medien. Plattformen wie Instagram, Facebook und TikTok ermutigen Einzelpersonen, idealisierte Versionen ihres Lebens zu kuratieren und dabei nach Likes, Kommentaren und Followern als Formen der Bestätigung zu suchen. Dieses ständige Streben nach externer Anerkennung spiegelt die Kernmerkmale des Narzissmus wider und verstärkt Verhaltensweisen wie Eigenwerbung, Neid und Oberflächlichkeit. Soziale Medien belohnen narzisstische Tendenzen nicht nur, sondern normalisieren sie auch, wodurch es schwierig wird, zwischen gesundem Selbstausdruck und pathologischem Verhalten zu unterscheiden.

Auch die Wettbewerbs- und Leistungskultur trägt zur Entstehung narzisstischer Züge bei. In vielen Gesellschaften wird Erfolg an externen Merkmalen wie Reichtum, Status und Aussehen gemessen. Diese Betonung der äußeren Leistung kann dazu führen, dass Einzelpersonen ihr Image über ihren Charakter stellen und sich eher darauf konzentrieren, wie sie wahrgenommen werden, als darauf, wer sie sind. Bei Menschen mit einer Veranlagung zum Narzissmus kann dieser gesellschaftliche Druck ihr Bedürfnis nach Bewunderung und Bestätigung verstärken.

Die Konsumkultur verstärkt narzisstische Tendenzen noch weiter, indem sie die Vorstellung fördert, dass Selbstwert an Besitz und Aussehen gebunden ist. Werbung zielt oft auf Unsicherheiten ab und suggeriert, dass Glück und Erfolg durch materielle Güter oder körperliche Verbesserungen erreicht werden können. Dieser Fokus auf äußere Befriedigung steht im Einklang mit dem narzisstischen Bedürfnis nach oberflächlicher Bestätigung und setzt einen Kreislauf aus Unzufriedenheit und Streben fort.

Der gesellschaftliche Wandel hin zum Individualismus, insbesondere in westlichen Kulturen, wird auch mit der Zunahme narzisstischer Züge in Verbindung gebracht. Während die Wertschätzung der persönlichen Freiheit und des Selbstausdrucks positive Auswirkungen haben kann, kann übermäßiger Individualismus zu mangelndem Einfühlungsvermögen und einer Fokussierung auf Eigeninteressen führen. In solchen

Umgebungen können narzisstische Verhaltensweisen eher als Stärken als als Schwächen angesehen werden, was diese Muster weiter verfestigt.

Selbst innerhalb von Familien und Bildungssystemen spielen gesellschaftliche Werte eine Rolle bei der Gestaltung des Narzissmus. Eltern und Erzieher, die Wettbewerb, Perfektion oder Image über Zusammenarbeit, Freundlichkeit und Authentizität stellen, können unbeabsichtigt narzisstische Züge fördern. Beispielsweise könnte ein Kind, das nur für seine Leistungen und nicht für seine Bemühungen oder seinen Charakter gelobt wird, seinen Wert eher mit äußerer Bestätigung als mit intrinsischen Qualitäten assoziieren.

Es ist auch erwähnenswert, dass die gesellschaftlichen Einflüsse auf den Narzissmus in allen Kulturen nicht einheitlich sind. Während einige Kulturen Individualismus und Eigenwerbung betonen, legen andere Wert auf Kollektivismus und Bescheidenheit. Diese kulturellen Unterschiede wirken sich darauf aus, wie narzisstische Merkmale ausgedrückt und wahrgenommen werden, und unterstreichen die Bedeutung des Kontexts für das Verständnis der Störung.

Die Wurzeln des Narzissmus sind so vielfältig wie die Menschen, die diese Störung aufweisen. Durch die Untersuchung des Zusammenspiels zwischen Kindheitserfahrungen, Genetik, Umwelt und gesellschaftlichen Einflüssen können wir ein tieferes Verständnis dafür gewinnen, wie sich NPD entwickelt. Dieses Wissen ist nicht nur wichtig, um die Störung zu erkennen, sondern auch, um Empathie zu fördern und Umgebungen zu schaffen, die gesündere und authentischere Verbindungen fördern. Das Erkennen der Wurzeln des Narzissmus ist der erste Schritt, um seine Auswirkungen anzugehen und die Betroffenen zu unterstützen.

Kapitel 3

Der narzisstische Beziehungszyklus

Beziehungen zu Menschen mit einer narzisstischen Persönlichkeitsstörung (NPD) sind oft von einem destruktiven und sich wiederholenden Kreislauf geprägt, der ihre Partner in einem Wirbelsturm emotionaler Höhen und Tiefen gefangen hält. Dieser Zyklus, der allgemein als narzisstischer Beziehungszyklus bezeichnet wird, besteht aus drei unterschiedlichen Phasen: Idealisierung, Abwertung und Verwerfen. Diese Phasen sind nicht nur zufällig, sondern für den Narzissten kalkulierte Möglichkeiten, die Kontrolle zu behalten, seine Bedürfnisse zu befriedigen und sein fragiles Selbstbild zu stärken. Um diesen Zyklus vollständig zu verstehen, ist es wichtig, sich mit den Taktiken zu befassen, die Narzissten anwenden, wie z. B. emotionale Manipulation und Gaslighting, sowie mit den psychologischen Gründen, warum viele Menschen trotz des Schadens, den sie erleiden, in diesen toxischen Beziehungen bleiben.

Idealisierungs-, Abwertungs- und Verwerfungsphasen

Der narzisstische Beziehungszyklus beginnt mit der Idealisierungsphase, die oft als „Flitterwochen"-Phase bezeichnet wird. In dieser Phase überschüttet der Narzisst seinen Partner mit Bewunderung, Zuneigung und Aufmerksamkeit. Sie können charmant, aufmerksam und völlig hingebungsvoll wirken und ein berauschendes Gefühl der Verbundenheit und Liebe erzeugen. Diese Phase wird auch als „Love-Bombing" bezeichnet. Dabei zeigt der Narzisst überwältigende Zuneigung, um seinem Partner das Gefühl zu geben, etwas Besonderes und Unersetzliches zu sein.

In der Idealisierungsphase spiegelt der Narzisst häufig die Interessen, Werte und Wünsche seines Partners wider. Sie werden zum „perfekten" Partner und geben ihrem Ziel das Gefühl, zutiefst verstanden und geschätzt zu werden. Diese Spiegelung ist nicht echt; Vielmehr handelt es sich um eine kalkulierte Anstrengung, eine Bindung aufzubauen und das Vertrauen des Partners zu gewinnen. Durch die Erfüllung der emotionalen Bedürfnisse seines Partners stellt der Narzisst sicher, dass sein Partner emotional engagiert und von der Beziehung abhängig wird.

Die Idealisierungsphase dauert jedoch nicht unbegrenzt. Sobald sich der Narzisst in der Hingabe seines Partners sicher fühlt oder anfängt, Fehler in seinem Partner wahrzunehmen, die sein idealisiertes Bild in Frage stellen, geht die Beziehung in die Abwertungsphase über.

Die Abwertungsphase ist durch einen starken Kontrast zur anfänglichen Idealisierung gekennzeichnet. Der einst liebevolle Partner wird nun kritisch, abweisend und emotional nicht mehr erreichbar. Der Narzisst beginnt, die tatsächlichen oder eingebildeten Fehler seines Partners hervorzuheben, und nutzt möglicherweise Beleidigungen, Sarkasmus oder subtile Herabsetzungen, um das Selbstwertgefühl seines Partners zu untergraben. Die Person, die einst das Gefühl hatte, außergewöhnlich zu sein, fühlt sich nun unzulänglich, verwirrt und verzweifelt auf der Suche nach der Zuneigung, die sie einst erhalten hat.

Diese Phase ist besonders schädlich, da sie oft schleichend und unvorhersehbar verläuft. Der Narzisst kann zwischen Momenten der Zuneigung und Grausamkeit wechseln und so eine emotionale Achterbahnfahrt schaffen, die den Partner unsicher macht, woran er ist. Diese intermittierende Verstärkung vertieft die emotionale Abhängigkeit des Partners, da er an der Hoffnung festhält, in die Idealisierungsphase zurückzukehren.

Schließlich erreicht die Beziehung die Abbruchphase, in der der Narzisst die Beziehung abrupt beendet oder sich ganz zurückzieht. Die Ablegephase ist oft brutal und ohne Empathie. Der Narzisst kann seinen Partner plötzlich verlassen und ihm das Gefühl geben, ausgegrenzt und entwertet zu werden. In manchen Fällen demütigt der Narzisst seinen Partner oder macht ihn für das Scheitern der Beziehung verantwortlich.

Die Ablegephase dient dem Narzissten mehreren Zwecken. Es ermöglicht ihnen, Verletzlichkeit oder Verantwortung zu vermeiden, schützt ihr Ego vor wahrgenommener Ablehnung und ermöglicht es ihnen, nach neuen Quellen der Bestätigung zu suchen. Für den Partner ist die Verwerfungsphase verheerend und hinterlässt oft ein ungelöstes Trauma, Selbstzweifel und ein tiefes Verlustgefühl.

Auch wenn der Beziehungszyklus linear erscheinen mag, wiederholt er sich oft. Narzissten kehren häufig zu früheren Partnern zurück und leiten eine neue Idealisierungsphase ein, um die Kontrolle zurückzugewinnen und ihre Bedürfnisse zu erfüllen. Dieser zyklische Charakter der Beziehung macht es den Partnern noch schwerer, sich zu befreien, da sie immer wieder in den Kreislauf zurückgezogen werden, in der Hoffnung, die Liebe, die sie einmal empfunden haben, wieder aufleben zu lassen.

Emotionale Manipulation und Gaslighting verstehen

Ein zentrales Merkmal des narzisstischen Beziehungszyklus ist der Einsatz emotionaler Manipulation, um die Kontrolle und Dominanz über den Partner aufrechtzuerhalten. Narzissten sind geschickt darin, die Emotionen, Unsicherheiten und

Verletzlichkeiten ihres Partners auszunutzen, um ihre eigenen Ziele zu erreichen. Eine der heimtückischsten Formen der Manipulation von Narzissten ist das Gaslighting, eine Taktik, die darauf abzielt, die Wahrnehmung der Realität durch den Partner zu verzerren.

Beim Gaslighting handelt es sich um die absichtliche Manipulation von Fakten, Erinnerungen und Emotionen, um das Opfer an seinem eigenen Urteilsvermögen, seinen Wahrnehmungen und seiner geistigen Gesundheit zweifeln zu lassen. Beispielsweise kann ein Narzisst leugnen, etwas Verletzendes gesagt zu haben, seinem Partner eine Überreaktion vorwerfen oder darauf bestehen, dass sein Partner sich Dinge einbildet. Mit der Zeit untergräbt diese ständige Verzerrung der Realität das Vertrauen des Opfers in seine eigenen Gedanken und Gefühle und macht es abhängiger von der Bestätigung und Führung durch den Narzissten.

Die Auswirkungen von Gaslighting können tiefgreifend sein. Opfer fühlen sich oft verwirrt, ängstlich und isoliert und wissen nicht, was real ist und was nicht. Sie beginnen möglicherweise, ihre eigenen Erinnerungen in Frage zu stellen, ihre Instinkte zu hinterfragen und das Gefühl zu haben, dass sie sich selbst nicht vertrauen können. Diese emotionale und psychologische Desorientierung ist genau das, was der Narzisst beabsichtigt, da er es ihm ermöglicht, die Kontrolle zu behalten und die Verantwortung für seine Handlungen abzuwenden.

Zusätzlich zum Gaslighting nutzen Narzissten eine Vielzahl anderer Manipulationstaktiken, darunter Schuldgefühle, Schuldzuweisungen und Triangulation. Beim Auslösen von Schuldgefühlen geht es darum, dem Partner das Gefühl zu geben, für die Emotionen oder Handlungen des Narzissten verantwortlich zu sein, wodurch ein Gefühl der Verpflichtung und Selbstvorwürfe gefördert wird. Zu einer Schuldzuweisung kommt es, wenn der Narzisst sich weigert, die Verantwortung für sein Verhalten zu übernehmen und stattdessen seinem Partner die Schuld für die Beziehungsprobleme gibt. Bei der Triangulation wird der Partner gegen einen Dritten, beispielsweise einen Ex-Partner, einen Freund oder ein Familienmitglied, ausgespielt, um Eifersucht, Unsicherheit und Konkurrenz zu erzeugen.

Diese Taktiken dienen dazu, den Partner aus dem Gleichgewicht zu bringen, sein Selbstwertgefühl zu untergraben und sicherzustellen, dass er emotional in die Beziehung investiert bleibt. Durch die Aufrechterhaltung dieser Machtdynamik stärkt der Narzisst seine Kontrolle und schützt sein fragiles Selbstbild.

Warum Menschen in toxischen Beziehungen bleiben

Um zu verstehen, warum Menschen in toxischen Beziehungen zu Narzissten bleiben, müssen die psychologischen, emotionalen und sozialen Faktoren untersucht werden, die zu ihrer Gefangenschaft beitragen. Für viele Menschen ist die Entscheidung, in einer solchen Beziehung zu bleiben, kein Ausdruck von Schwäche, sondern vielmehr das Ergebnis komplexer Dynamiken, die einen Austritt unglaublich schwierig machen.

Einer der Hauptgründe, warum Menschen in toxischen Beziehungen bleiben, ist die traumatische Bindung, die sich während des narzisstischen Beziehungszyklus entwickelt. Traumabindung entsteht, wenn Perioden des Missbrauchs zeitweise durch Momente der Zuneigung, Entschuldigung oder Freundlichkeit unterbrochen werden. Dieses Muster schafft eine starke emotionale Verbindung zwischen dem Opfer und dem Täter, da das Opfer süchtig nach den Höhen der Versöhnung und Zuneigung wird. Die Unvorhersehbarkeit der Beziehung fördert ein Gefühl der Hoffnung, da das Opfer an dem Glauben festhält, dass sich der Narzisst ändern kann oder dass die Beziehung in die Idealisierungsphase zurückkehren kann.

Ein geringes Selbstwertgefühl ist ein weiterer wichtiger Faktor, der Menschen in toxischen Beziehungen hält. In der Abwertungsphase fühlt sich das Opfer oft unwürdig, unzulänglich und auf die Bestätigung durch den Narzissten angewiesen. Mit der Zeit verinnerlicht das Opfer möglicherweise die Kritik des Narzissten und kommt zu dem Schluss, dass es nicht in der Lage ist, anderswo Liebe oder Glück zu finden. Dieses Gefühl der Unwürdigkeit stellt ein starkes Hindernis für den Abschied dar, da das Opfer das Gefühl hat, keine besseren Möglichkeiten zu haben.

Auch Angst spielt eine entscheidende Rolle. Narzissten setzen häufig Einschüchterungen, Drohungen oder emotionale Manipulation ein, um ihren Partnern Angst einzuflößen. Diese Angst kann viele Formen annehmen, zum Beispiel die Angst vor dem Alleinsein, die Angst vor Vergeltung oder die Angst vor dem Verlust gemeinsamer Bindungen wie Freunde, Familie oder Kinder. Der Narzisst kann seinen Partner auch so manipulieren, dass er glaubt, dass er ohne ihn nicht überleben kann, was seine Abhängigkeit noch weiter vertieft.

Auch gesellschaftliche und kulturelle Faktoren können zur Entscheidung einer Person beitragen, in einer toxischen Beziehung zu bleiben. Soziale Stigmatisierung, kulturelle Erwartungen und finanzielle Abhängigkeit können einen Austritt unmöglich erscheinen lassen. Beispielsweise könnten Personen in Gemeinschaften, in denen Ehe oder Familieneinheit Priorität haben, sich unter Druck gesetzt fühlen, in der Beziehung zu bleiben, um Urteilsvermögen oder Kritik zu vermeiden. Ebenso können finanzielle Zwänge oder gemeinsame Verantwortlichkeiten, etwa die Kindererziehung, praktische Hindernisse für den Austritt darstellen.

Ein weiterer Grund, warum Menschen bleiben, ist die Hoffnung auf Veränderung. Narzissten sind oft in der Lage, Besserungsversprechen oder vorübergehende Gesten der Zuneigung zu machen, die ihrem Partner Hoffnung auf eine bessere Zukunft geben. Das Opfer glaubt möglicherweise, dass sich der Narzisst ändern und die Beziehung verbessern wird, wenn es verständnisvoller, geduldiger oder unterstützender sein kann. Diese Hoffnung wird oft durch die Idealisierungsphase verstärkt, die eine starke emotionale Bindung an das Potenzial des Narzissten und nicht an seine Realität schafft.

Aus einer toxischen Beziehung mit einem Narzissten auszubrechen, erfordert enormen Mut, Unterstützung und Selbstbewusstsein. Dabei geht es nicht nur darum, die destruktiven Muster der Beziehung zu erkennen, sondern auch die psychologischen und emotionalen Wunden anzugehen, die das Opfer gefangen halten. Das Verständnis der Dynamik des narzisstischen Beziehungszyklus ist ein entscheidender Schritt, um Menschen zu befähigen, ihr Selbstbewusstsein zurückzugewinnen und sich auf Heilung und Genesung einzulassen.

Durch die Untersuchung der Phasen des narzisstischen Beziehungszyklus, der Taktiken der emotionalen Manipulation und des Gaslighting sowie der Gründe, warum Menschen in toxischen Beziehungen bleiben, wirft dieses Kapitel Licht auf die verheerenden

Auswirkungen von Beziehungen mit Personen, die an einer narzisstischen Persönlichkeitsstörung leiden. Das Erkennen dieser Muster ist nicht nur für diejenigen, die solche Beziehungen erlebt haben, von entscheidender Bedeutung, sondern auch für jeden, der die Komplexität narzisstischen Verhaltens und seiner Auswirkungen verstehen möchte. Mit diesem Wissen können Leser beginnen, aus dem Kreislauf auszubrechen, von ihren Erfahrungen zu heilen und gesündere, erfüllendere Beziehungen aufzubauen.

Kapitel 4

Sich vom Narzissten befreien

Einer toxischen Beziehung mit einem Narzissten zu entkommen, ist eine der herausforderndsten Reisen, die ein Mensch unternehmen kann. Es erfordert Mut, Selbstbewusstsein und den Einsatz für das persönliche Wohlergehen. Narzisstische Beziehungen sind besonders schädlich, weil sie auf Zyklen von Manipulation, emotionalem Missbrauch und Kontrolle basieren. Sich zu befreien bedeutet nicht nur, die Beziehung körperlich zu verlassen, sondern auch, sich emotional zu lösen und das eigene Selbstbewusstsein zurückzugewinnen. In diesem Kapitel werden die Schritte untersucht, die erforderlich sind, um Warnsignale zu erkennen, Grenzen zu setzen, Strategien zur Distanzierung und emotionalen Erholung zu entwickeln und die Angst, Schuldgefühle und Abhängigkeit zu überwinden, die Menschen oft in diesen Beziehungen gefangen halten.

Warnsignale erkennen und Grenzen setzen

Der erste Schritt, um sich von einem Narzissten zu befreien, besteht darin, die Warnsignale zu erkennen, die darauf hinweisen, dass eine Beziehung ungesund oder missbräuchlich ist. Narzissten zeigen oft spezifische Verhaltensweisen und Muster, die, wenn sie erkannt werden, als Warnzeichen dienen können. Dazu gehören übermäßige Kontrolle, mangelndes Einfühlungsvermögen, ständige Kritik, Manipulation und ein unerbittliches Bedürfnis nach Bewunderung. Während diese Verhaltensweisen in der Idealisierungsphase möglicherweise nicht sofort erkennbar sind, werden sie im Laufe der Zeit typischerweise deutlicher.

Eines der auffälligsten Warnsignale ist die Tendenz des Narzissten, die Gefühle und Erfahrungen seines Partners abzutun oder herunterzuspielen. In einer gesunden Beziehung bestätigen und unterstützen die Partner die Gefühle des anderen. Ein Narzisst ist jedoch oft nicht in der Lage, eine solche Bestätigung anzubieten, weil er sich ausschließlich auf seine eigenen Bedürfnisse und Wünsche konzentriert. Wenn sich eine Person ständig ungehört, unwichtig oder emotional vernachlässigt fühlt, kann das ein Zeichen dafür sein, dass sie in einer Beziehung mit einem Narzissten steht.

Ein weiteres Warnsignal ist der Einsatz von Manipulationstaktiken wie Gaslighting, Schuldzuweisungen oder Schuldzuweisungen. Narzissten verlassen sich auf diese Taktiken, um die Kontrolle zu behalten und das Selbstvertrauen ihres Partners zu untergraben. Wenn eine Person an ihren eigenen Wahrnehmungen zweifelt, sich übermäßig entschuldigt oder sich für das Verhalten ihres Partners verantwortlich fühlt, ist es wichtig, diese Muster als Anzeichen emotionalen Missbrauchs zu erkennen.

Sobald die Warnsignale identifiziert sind, besteht der nächste Schritt darin, Grenzen zu setzen. Grenzen sind in jeder Beziehung wichtig, aber besonders wichtig sind sie im Umgang mit einem Narzissten. Grenzen tragen dazu bei, das emotionale und mentale Wohlbefinden eines Menschen zu schützen, indem sie klare Grenzen dafür setzen, welches Verhalten akzeptabel ist und welches nicht.

Das Setzen von Grenzen gegenüber einem Narzissten kann eine Herausforderung sein, da er sich oft widersetzt oder Grenzen missachtet. Ein Narzisst kann Grenzen als Bedrohung seiner Kontrolle betrachten und mit Wut, Schuldgefühlen oder Manipulation reagieren, um sie zu untergraben. Um sich von ihrem Einfluss zu befreien, ist es jedoch unerlässlich, feste und konsistente Grenzen beizubehalten.

Beispielsweise könnte eine Person Grenzen dafür setzen, wie sie mit dem Narzissten kommuniziert. Dazu kann gehören, dass sie sich weigern, sich auf Streitereien einzulassen, den Kontakt einzuschränken oder Zeiten festzulegen, zu denen sie für ein Gespräch zur Verfügung stehen. Sie können auch Grenzen für den persönlichen Freiraum, die finanzielle Unabhängigkeit oder die Entscheidungsfindung setzen. Der Schlüssel liegt darin, diese Grenzen klar zu kommunizieren und sie konsequent durchzusetzen, auch wenn der Narzisst versucht, sie zu überwinden.

Grenzen setzen bedeutet auch, die eigene emotionale Energie zu schützen. Das bedeutet, dass Sie davon Abstand nehmen sollten, den Narzissten zu verbessern, zu ändern oder zu besänftigen. Auch wenn der Wunsch, eine zerbrochene Beziehung zu reparieren, ganz natürlich ist, ist es wichtig zu erkennen, dass das Verhalten eines Narzissten nicht in der eigenen Kontrolle liegt. Die Energie auf Selbstfürsorge und persönliches Wachstum umzulenken ist eine produktivere und stärkende Entscheidung.

Strategien zur Distanzierung und emotionalen Erholung

Bei der Trennung von einem Narzissten geht es nicht nur darum, die Beziehung zu beenden; Es geht auch darum, den emotionalen Einfluss zu brechen, den sie über ihren Partner haben. Zur emotionalen Distanzierung gehört das Erkennen der ungesunden Dynamik der Beziehung und die Entscheidung, das eigene Wohlbefinden über die Forderungen und Manipulationen des Narzissten zu stellen.

Eine der effektivsten Strategien zur Distanzierung ist die Einführung der „Kein Kontakt"-Regel. Kein Kontakt bedeutet, alle Formen der Kommunikation mit dem

Narzissten abzubrechen, einschließlich persönlicher Interaktionen, Telefonanrufe, Textnachrichten und soziale Medien. Dadurch entsteht eine körperliche und emotionale Distanz, die für die Heilung notwendig ist. Ohne den ständigen Einfluss des Narzissten können Einzelpersonen beginnen, wieder Klarheit zu erlangen, ihr Selbstwertgefühl wieder aufzubauen und sich auf ihre eigenen Bedürfnisse zu konzentrieren.

In manchen Fällen ist ein völliger Kontaktverzicht möglicherweise nicht möglich, beispielsweise wenn gemeinsame Verantwortungen wie gemeinsame Elternschaft oder geschäftliche Beziehungen bestehen. In diesen Situationen kann ein modifizierter Ansatz namens „Gray Rocking" hilfreich sein. Beim Grey Rocking geht es darum, die Interaktionen mit dem Narzissten so neutral, langweilig und emotional nicht ansprechend wie möglich zu halten. Durch die Weigerung, auf Provokationen oder emotionale Manipulationen zu reagieren, kann die Fähigkeit des Narzissten, ihn zu kontrollieren oder zu beeinflussen, eingeschränkt werden.

Zur Distanzierung gehört auch, die Hoffnung aufzugeben, dass sich der Narzisst ändern wird. Viele Menschen bleiben in toxischen Beziehungen, weil sie glauben, dass der Narzisst ihr Verhalten irgendwann erkennen und es wieder gutmachen wird, wenn sie geduldig und verständnisvoll genug sind. Leider kommt es bei Menschen mit einer narzisstischen Persönlichkeitsstörung nur selten zu echten

Veränderungen, da es ihnen oft an Selbstbewusstsein und der Bereitschaft mangelt, Verantwortung für ihre Handlungen zu übernehmen. Das Akzeptieren dieser Realität ist ein entscheidender Schritt im Loslösungsprozess.

Emotionale Genesung ist ein schrittweiser Prozess, der die Behandlung der psychologischen und emotionalen Wunden beinhaltet, die der Narzisst zugefügt hat. Eine Therapie kann in dieser Zeit eine unschätzbare Ressource sein und einen sicheren Raum bieten, um Gefühle von Wut, Traurigkeit und Verrat zu verarbeiten. Ein Therapeut kann Einzelpersonen auch dabei helfen, negative Denkmuster wie Selbstvorwürfe oder Unzulänglichkeitsgefühle, die durch den Narzissten verstärkt wurden, zu erkennen und zu hinterfragen.

Der Aufbau eines Unterstützungssystems ist ein weiterer wesentlicher Aspekt der emotionalen Genesung. Vertraute Freunde, Familienmitglieder oder Selbsthilfegruppen können Ermutigung, Bestätigung und Perspektive bieten. Der Austausch seiner Erfahrungen mit anderen, die vor ähnlichen Herausforderungen standen, kann besonders heilsam sein, da er dabei hilft, der Isolation und Scham entgegenzuwirken, die oft mit narzisstischem Missbrauch einhergehen.

Selbstfürsorge ist auch ein wichtiger Bestandteil der emotionalen Genesung. Die Teilnahme an Aktivitäten, die Freude, Entspannung und Erfüllung bringen, kann dem Einzelnen dabei helfen, sich wieder mit seinem

Selbstbewusstsein zu verbinden und sein Selbstvertrauen wieder aufzubauen. Dazu können Hobbys, Sport, Tagebuch führen, Meditation oder Zeit in der Natur gehören. Das Ziel besteht darin, ein Leben zu schaffen, das sich sinnvoll und kraftvoll anfühlt und frei vom Einfluss des Narzissten ist.

Angst, Schuld und Abhängigkeit überwinden

Um sich von einem Narzissten zu befreien, muss man sich oft mit tiefsitzenden Ängsten, Schuldgefühlen und Abhängigkeit auseinandersetzen. Diese Emotionen sind nicht nur natürlich, sondern werden vom Narzissten auch bewusst kultiviert, um die Kontrolle zu behalten. Um sie zu überwinden, sind Selbstmitgefühl, Belastbarkeit und die Verpflichtung zu persönlichem Wachstum erforderlich.

Angst ist ein häufiges Hindernis, eine narzisstische Beziehung zu verlassen. Diese Angst kann auf Drohungen des Narzissten zurückzuführen sein, beispielsweise auf die Androhung von Vergeltungsmaßnahmen, den finanziellen Ruin oder die Entfremdung von gegenseitigen Verbindungen. Es kann auch aus der Unsicherheit eines Neuanfangs oder aus der Überzeugung entstehen, dass man ohne den Narzissten nicht überleben kann.

Um die Angst zu überwinden, ist es wichtig, sich auf die Chancen zu konzentrieren, die die Freiheit mit sich bringt, und nicht auf die potenziellen Risiken. Obwohl es zweifellos eine Herausforderung ist, eine toxische Beziehung zu verlassen, öffnet es auch die Tür zu einem gesünderen und erfüllteren Leben. Die Suche nach professioneller Unterstützung, etwa Rechtsberatung oder Therapie, kann dazu beitragen, praktische Bedenken auszuräumen und ein Gefühl der Selbstbestimmung zu vermitteln.

Schuld ist ein weiteres starkes Gefühl, das Menschen an einen Narzissten fesselt. Narzissten sind geschickt darin, ihren Partnern das Gefühl zu geben, für ihr Glück, ihre Probleme oder ihr Wohlbefinden verantwortlich zu sein. Sie können Schuldgefühle als Waffe einsetzen und ihrem Partner vorwerfen, er sei egoistisch, undankbar oder illoyal, weil er gehen wollte.

Um Schuldgefühle zu bekämpfen, ist es wichtig zu erkennen, dass jeder für seine eigenen Gefühle und Handlungen verantwortlich ist. Das Verhalten des Narzissten spiegelt nicht den Wert oder die Bemühungen des Partners wider, sondern ist vielmehr Ausdruck seiner eigenen ungelösten Probleme. Um die Schuld loszulassen, muss man akzeptieren, dass es nicht in der Verantwortung liegt, den Narzissten zu reparieren oder zu retten.

Abhängigkeit ist vielleicht das komplexeste Hindernis auf dem Weg zur Befreiung. Narzisstische Beziehungen erzeugen oft einen Kreislauf emotionaler Abhängigkeit, in dem der Partner auf den Narzissten angewiesen ist, um Bestätigung, Zustimmung oder ein Identitätsgefühl zu erhalten. Diese Abhängigkeit wird durch die Manipulation und Kontrolle des Narzissten verstärkt.

Die Überwindung der Abhängigkeit erfordert die Wiederentdeckung des eigenen Selbstbewusstseins und die Rückgewinnung persönlicher Entscheidungsfreiheit. Dazu kann das Setzen von Zielen, das Verfolgen von Interessen oder die Entwicklung neuer Fähigkeiten gehören. Dazu gehört auch, den Glauben in Frage zu stellen, dass man den Narzissten braucht, um sich ganz und würdig zu fühlen. Der Aufbau von Selbstvertrauen und Selbstwertgefühl braucht Zeit, ist aber ein entscheidender Schritt, um aus dem Teufelskreis der Abhängigkeit auszubrechen.

Sich von einem Narzissten zu befreien ist kein einfacher, aber transformativer Weg. Durch das Erkennen von Warnsignalen, das Setzen von Grenzen, die emotionale Distanzierung und die Auseinandersetzung mit Angst, Schuldgefühlen und Abhängigkeit können Einzelpersonen ihr Leben zurückgewinnen und den Heilungsprozess beginnen. Dieses Kapitel bietet nicht nur einen Fahrplan für die Flucht aus toxischen Beziehungen, sondern auch eine Botschaft der Hoffnung: Freiheit und Genesung sind möglich, und auf der anderen Seite der Reise erwartet Sie eine bessere Zukunft.

Kapitel 5

Die Reise zur Heilung

Die Heilung einer Beziehung mit einem Narzissten ist eine zutiefst persönliche und transformative Reise. Die Narben, die eine solche Erfahrung hinterlässt, sind tief und beeinträchtigen oft das Selbstwertgefühl, die Identität und das emotionale Wohlbefinden. Allerdings ist eine Genesung möglich und der Weg zur Heilung kann zu einer stärkeren, selbstbewussteren und widerstandsfähigeren Version von uns selbst führen. Es erfordert Geduld, Selbstmitgefühl und die Verpflichtung zu persönlichem Wachstum. Dieses Kapitel konzentriert sich auf drei entscheidende Aspekte des Heilungsprozesses: die Wiederherstellung des Selbstwertgefühls und des Selbstvertrauens, die Wiederentdeckung Ihrer Identität und Stärken und die Kultivierung emotionaler Belastbarkeit.

Selbstwertgefühl und Selbstvertrauen wiederherstellen

Einer der schädlichsten Aspekte einer Beziehung mit einem Narzissten ist der Einfluss, den sie auf das Selbstwertgefühl nimmt. Narzissten untergraben systematisch das Selbstvertrauen ihrer Partner durch

Kritik, Manipulation und Kontrolle. Mit der Zeit beginnen viele Opfer, ihren Wert und ihre Fähigkeiten in Frage zu stellen und verinnerlichen die negativen Botschaften, die ihnen vermittelt wurden. Der Wiederaufbau des Selbstwertgefühls ist ein entscheidender erster Schritt im Heilungsprozess, da er den Grundstein für alle anderen Aspekte der Genesung legt.

Der Wiederaufbau des Selbstwertgefühls beginnt mit dem Erkennen der vom Narzissten auferlegten Lügen und Verzerrungen. Viele Überlebende tragen Überzeugungen über sich selbst in sich, die ihnen während der Beziehung vermittelt wurden, wie zum Beispiel Gefühle der Unzulänglichkeit, Inkompetenz oder Unwürdigkeit. Es ist wichtig, diese Überzeugungen in Frage zu stellen und sie durch gesündere, stärkere Wahrheiten zu ersetzen. Anstatt beispielsweise zu glauben „Ich bin nicht gut genug", kann ein Überlebender bestätigen: „Ich verdiene Liebe und Respekt."

Affirmationen können ein wirksames Instrument zur Wiederherstellung des Selbstwertgefühls sein. Das tägliche Schreiben und Wiederholen positiver Affirmationen kann dabei helfen, negative Gedankenmuster umzuprogrammieren und einen unterstützenderen inneren Dialog zu schaffen. Beispiele für Affirmationen sind: „Ich bin es wert, glücklich zu sein", „Ich bin in der Lage, meine Ziele zu erreichen" und „Ich vertraue darauf, dass ich gute Entscheidungen treffe."

Ein weiterer wichtiger Aspekt beim Wiederaufbau des Selbstwertgefühls ist das Setzen und Erreichen kleiner, überschaubarer Ziele. Selbst die Erledigung kleinerer Aufgaben kann ein Gefühl von Kompetenz und Selbstbestimmung vermitteln. Ob es darum geht, eine neue Fähigkeit zu erlernen, ein Projekt abzuschließen oder Selbstfürsorge zu üben, jeder Erfolg stärkt den Glauben an die eigenen Fähigkeiten und Stärken.

Um das Selbstvertrauen wiederherzustellen, ist es auch wichtig, sich mit unterstützenden und bestätigenden Menschen zu umgeben. Vertraute Freunde, Familienmitglieder oder Selbsthilfegruppen können Ermutigung, Bestätigung und Perspektive bieten. Positive soziale Verbindungen erinnern die Überlebenden an ihren Wert und helfen, der Isolation und den Zweifeln entgegenzuwirken, die durch die narzisstische Beziehung gefördert werden.

Eine Therapie kann eine unschätzbare Rolle bei der Wiederherstellung des Selbstwertgefühls spielen. Ein erfahrener Therapeut kann Überlebenden helfen, selbstlimitierende Überzeugungen zu erkennen und in Frage zu stellen, die Wurzeln ihrer Unsicherheiten zu erforschen und gesündere Wege zu entwickeln, mit sich selbst und anderen umzugehen. Die Therapie bietet auch einen sicheren Raum, um die mit der narzisstischen Beziehung verbundenen Emotionen und Traumata zu verarbeiten, was ein wichtiger Schritt im Heilungsprozess ist.

Schließlich ist Selbstfürsorge für die Wiederherstellung des Selbstwertgefühls unerlässlich. Sich um die körperliche, emotionale und geistige Gesundheit zu kümmern, sendet eine starke Botschaft des Selbstwertgefühls aus. Dazu können regelmäßige Bewegung, eine ausgewogene Ernährung, ausreichend Schlaf und Aktivitäten gehören, die Freude und Entspannung bringen. Indem sie der Selbstfürsorge Priorität einräumen, zeigen Überlebende sich selbst, dass sie Liebe und Aufmerksamkeit verdienen.

Entdecken Sie Ihre Identität und Stärken wieder

Eine Beziehung mit einem Narzissten geht oft mit einem Selbstverlust einher. Narzissten neigen dazu, ihre Partner zu dominieren und zu kontrollieren und lassen wenig Raum für Individualität. Mit der Zeit verlieren viele Überlebende den Kontakt zu ihrer Identität, ihren Leidenschaften und Stärken, da sie von den Bedürfnissen und Forderungen des Narzissten verzehrt werden. Sich selbst wiederzuentdecken ist ein wichtiger Teil der Heilungsreise, da es den Überlebenden ermöglicht, ihre Autonomie zurückzugewinnen und authentisch zu leben.

Die Wiederentdeckung Ihrer Identität beginnt damit, dass Sie sich wieder mit Ihren Werten, Interessen und

Leidenschaften verbinden. Das Nachdenken über die Aktivitäten, Menschen und Erfahrungen, die Ihnen Freude und Erfüllung bringen, kann wertvolle Erkenntnisse darüber liefern, wer Sie außerhalb der Beziehung sind. Denken Sie über Fragen nach wie: „Was macht mich glücklich?" „Wofür bin ich leidenschaftlich?" und „Was schätze ich am meisten im Leben?"

Das Erkunden neuer Hobbys, Interessen oder Erfahrungen kann auch eine wirksame Möglichkeit sein, sich selbst neu zu entdecken. Etwas Neues auszuprobieren bietet nicht nur Möglichkeiten zur persönlichen Weiterentwicklung, sondern ermöglicht es Ihnen auch, verborgene Talente und Stärken zu erschließen. Ob Malen, Tanzen, Wandern oder Freiwilligenarbeit: Die Teilnahme an Aktivitäten, die Ihnen Freude bereiten, kann Ihnen dabei helfen, sich wieder mit Ihrem authentischen Selbst zu verbinden.

Journaling kann ein wirksames Instrument zur Selbstfindung sein. Das Schreiben über Ihre Gedanken, Gefühle und Erfahrungen kann Klarheit und Einblick in Ihre Identität und Stärken schaffen. Es kann Ihnen auch dabei helfen, die mit der narzisstischen Beziehung verbundenen Emotionen und Erinnerungen zu verarbeiten und so Raum für Wachstum und Heilung zu schaffen.

Um Ihre Identität wiederzuentdecken, müssen Sie auch Ihre Stärken und Erfolge annehmen. Nehmen Sie sich

Zeit, über Ihre Erfolge nachzudenken, egal wie klein sie sind, und erkennen Sie die Qualitäten an, die Ihnen geholfen haben, Herausforderungen zu meistern. Dazu können Belastbarkeit, Empathie, Kreativität oder Entschlossenheit gehören. Das Erkennen und Feiern Ihrer Stärken fördert ein Gefühl von Stolz und Selbstwertgefühl.

Um Ihre Identität zurückzugewinnen, müssen Sie möglicherweise auch Grenzen setzen und Ihre Unabhängigkeit behaupten. Nachdem Sie eine Beziehung mit einem Narzissten verlassen haben, ist es wichtig, ein Leben zu schaffen, das Ihre Werte und Prioritäten widerspiegelt und nicht die des Narzissten. Dazu kann es gehören, neue Karrieremöglichkeiten zu verfolgen, gesunde Beziehungen aufzubauen oder Routinen und Rituale zu schaffen, die Ihr Wohlbefinden unterstützen.

Schließlich geht es bei der Wiederentdeckung Ihrer Identität darum, Ihre Unvollkommenheiten und Schwachstellen anzunehmen. Ein Narzisst verlangt von seinem Partner oft Perfektion und schafft so ein Umfeld der Angst und des Urteilsvermögens. Bei der Heilung geht es darum, unrealistische Erwartungen loszulassen und sich selbst so zu akzeptieren, wie man ist – mit all seinen Fehlern. Indem Sie Ihre Menschlichkeit annehmen, können Sie ein Gefühl von Selbstmitgefühl und Authentizität entwickeln.

Emotionale Belastbarkeit kultivieren

Die Heilung aus einer narzisstischen Beziehung erfordert emotionale Belastbarkeit – die Fähigkeit, sich angesichts von Widrigkeiten anzupassen, zu erholen und zu gedeihen. Bei emotionaler Belastbarkeit geht es nicht darum, schwierige Emotionen zu unterdrücken oder zu vermeiden, sondern vielmehr darum, die Fähigkeiten und die Denkweise zu entwickeln, die zur Bewältigung von Herausforderungen und Rückschlägen erforderlich sind. Resilienz zu kultivieren ist ein lebenslanger Prozess, der Überlebende befähigt, mit Kraft und Selbstvertrauen voranzukommen.

Ein Schlüsselaspekt der emotionalen Belastbarkeit ist die Entwicklung gesunder Bewältigungsmechanismen zur Bewältigung von Stress und Emotionen. Dazu können Achtsamkeitsübungen wie Meditation oder tiefes Atmen gehören, die dabei helfen können, Emotionen zu regulieren und Ängste abzubauen. Andere Bewältigungsstrategien wie Bewegung, kreativer Ausdruck oder Zeit in der Natur können Möglichkeiten zur Verarbeitung und Freisetzung von Emotionen bieten.

Zum Aufbau von Resilienz gehört auch, Herausforderungen als Wachstumschancen neu zu definieren. Obwohl der Schmerz einer narzisstischen Beziehung unbestreitbar ist, kann er auch als Katalysator für eine persönliche Transformation dienen. Durch die Konzentration auf die gewonnenen

Erkenntnisse und die aus der Erfahrung gewonnenen Stärken können Überlebende ein Narrativ der Selbstbestimmung und Widerstandsfähigkeit schaffen.

Ein weiterer wichtiger Bestandteil der emotionalen Belastbarkeit ist die Pflege eines Unterstützungssystems. Der Kontakt zu anderen, die ähnliche Herausforderungen erlebt haben, kann ein Gefühl der Bestätigung und Solidarität vermitteln. Selbsthilfegruppen, Online-Communities oder Therapien können wertvolle Ressourcen und Anleitungen für die Bewältigung des Heilungsprozesses bieten.

Auch das Üben von Selbstmitgefühl ist für die Resilienz unerlässlich. Heilung ist kein linearer Prozess und Rückschläge sind ein natürlicher Teil der Reise. Anstatt sich selbst wegen Schwierigkeiten oder Fehlern zu verurteilen oder zu kritisieren, bieten Sie sich selbst Freundlichkeit und Verständnis an. Behandeln Sie sich selbst mit der gleichen Sorgfalt und dem Mitgefühl, die Sie einem geliebten Menschen in einer ähnlichen Situation entgegenbringen würden.

Zur Entwicklung von Resilienz gehört auch die Schaffung eines Sinns und Sinns im Leben. Das Setzen von Zielen, das Verfolgen von Leidenschaften und der Beitrag zu etwas Größerem als sich selbst können ein Gefühl der Orientierung und Erfüllung vermitteln. Ganz gleich, ob Sie sich ehrenamtlich engagieren, beruflich vorankommen oder Beziehungen pflegen: Die Suche nach einem Sinn hilft Ihnen, sich in der Gegenwart zu verankern und gibt Ihnen ein Gefühl der Hoffnung für die Zukunft.

Schließlich bedeutet die Kultivierung emotionaler Belastbarkeit, die Idee anzunehmen, dass Heilung eine Reise und kein Ziel ist. Es wird Momente des Fortschritts und Momente der Schwierigkeit geben, aber jeder Schritt vorwärts bringt Sie einem Leben in Freiheit, Authentizität und Freude näher. Bei Resilienz geht es nicht darum, nie Schmerzen zu empfinden; Es geht darum, die Kraft zu finden, wieder aufzustehen und weiter voranzukommen.

Der Weg zur Heilung einer narzisstischen Beziehung ist ein tiefgreifender und transformativer Prozess. Indem Sie Ihr Selbstwertgefühl und Ihr Selbstvertrauen wiederherstellen, Ihre Identität und Stärken wiederentdecken und emotionale Belastbarkeit kultivieren, können Sie ein Leben schaffen, das frei von den Schatten der Vergangenheit und voller Hoffnung für die Zukunft ist. Auch wenn der Weg herausfordernd sein mag, ist er doch auch eine Gelegenheit, Ihre Kraft zurückzugewinnen, Ihre Authentizität anzunehmen und ein Leben voller Sinn und Erfüllung aufzubauen. Heilung ist nicht nur möglich – es ist Ihr Recht.

Kapitel 6

Umgang mit narzisstischen Familienmitgliedern

Der Umgang mit narzisstischen Familienmitgliedern ist eine besondere Herausforderung. Im Gegensatz zu romantischen Beziehungen sind familiäre Bindungen oft tief verwurzelt und der soziale, kulturelle oder emotionale Druck, diese Bindungen aufrechtzuerhalten, kann unausweichlich sein. Narzisstische Familienmitglieder können ein toxisches Umfeld schaffen, das das Selbstwertgefühl untergräbt, Konflikte fördert und bleibende emotionale Narben hinterlässt. Um mit dieser Dynamik umzugehen, müssen Sie die einzigartigen Herausforderungen des familiären Narzissmus verstehen und Strategien entwickeln, um Ihr geistiges und emotionales Wohlbefinden zu schützen. Dieses Kapitel befasst sich mit der Bewältigung der Eltern-Kind-Dynamik, dem Umgang mit Geschwisterrivalitäten und Familienkonflikten sowie dem Schutz Ihrer psychischen Gesundheit in einem toxischen Familienumfeld.

Navigieren in der Eltern-Kind-Dynamik

Die Beziehung zwischen einem narzisstischen Elternteil und seinem Kind ist voller Komplexität. Ein narzisstischer Elternteil betrachtet sein Kind oft nicht als Individuum mit eigenen Bedürfnissen, Gefühlen und Wünschen, sondern als eine Erweiterung seiner selbst. Diese Dynamik kann sich auf verschiedene Weise manifestieren, von überheblicher Kontrolle und unrealistischen Erwartungen bis hin zu Vernachlässigung oder völligem emotionalem Missbrauch.

Ein gemeinsames Merkmal narzisstischer Eltern ist ihr Kontrollbedürfnis. Sie verwalten möglicherweise jeden Aspekt des Lebens ihres Kindes bis ins kleinste Detail, von der Berufswahl bis hin zu ihren persönlichen Beziehungen, und lassen so wenig Raum für Unabhängigkeit. Diese Kontrolle wird oft als Sorge oder Liebe dargestellt, aber im Grunde geht es dabei darum, die Macht aufrechtzuerhalten und sicherzustellen, dass das Kind abhängig bleibt.

Ein weiteres Kennzeichen narzisstischer Eltern ist ihre Tendenz, ihr Kind als Quelle der Bestätigung zu nutzen. Sie drängen ihr Kind möglicherweise zu einem hohen Erfolgsniveau, nicht zum Wohle des Kindes, sondern um ein positives Selbstbild zu erzielen. Umgekehrt kann es sein, dass das Kind, wenn es seine Erwartungen nicht erfüllt, auf Kritik, Vorwürfe oder einen Entzug der Zuneigung zurückgreift. Dadurch entsteht eine bedingte Form der Liebe, bei der sich das Kind nur dann wertgeschätzt fühlt, wenn es den Eltern gefällt.

Narzisstische Eltern können auch das Selbstwertgefühl ihres Kindes durch ständige Kritik oder Abwertung untergraben. Sie lehnen die Gefühle ihres Kindes möglicherweise ab, schmälern seine Leistungen oder vergleichen es negativ mit anderen. Mit der Zeit schwächt dies das Selbstvertrauen des Kindes und fördert das Gefühl der Unzulänglichkeit.

Der Umgang mit einem narzisstischen Elternteil beginnt mit dem Erkennen der Verhaltensmuster, die die Beziehung definieren. Das Verständnis, dass die Handlungen der Eltern auf ihren eigenen Unsicherheiten und unerfüllten Bedürfnissen beruhen, kann dem Kind helfen, das Verhalten zu entpersonalisieren und die Verinnerlichung der Schuld zu vermeiden.

Um diese Dynamik zu bewältigen, ist es wichtig, Grenzen zu setzen. Zu den Grenzen gehören möglicherweise die Begrenzung der Zeit, die man mit den Eltern verbringt, die Weigerung, sich auf Argumente einzulassen, oder die Behauptung der eigenen Unabhängigkeit bei der Entscheidungsfindung. Beispielsweise könnte ein erwachsenes Kind beschließen, sein Privatleben nicht mehr mit seinen Eltern zu besprechen, wenn dies zu einer Verurteilung oder Manipulation führt.

Besonders hilfreich kann eine Therapie für Menschen mit narzisstischen Eltern sein. Ein Therapeut kann Unterstützung, Bestätigung und Anleitung für den

Umgang mit den komplexen Emotionen bieten, die in diesen Beziehungen entstehen. Sie können dem Einzelnen auch dabei helfen, die langfristigen Auswirkungen des elterlichen Narzissmus, wie etwa ein geringes Selbstwertgefühl oder Schwierigkeiten, anderen zu vertrauen, zu erforschen und zu heilen.

Eine weitere wichtige Strategie besteht darin, ein Unterstützungssystem außerhalb der Familie aufzubauen. Freunde, Mentoren oder Selbsthilfegruppen können die emotionale Bestätigung und Ermutigung bieten, die ein narzisstischer Elternteil möglicherweise nicht bietet. Der Aufbau dieser Verbindungen trägt dazu bei, der Isolation und den Zweifeln entgegenzuwirken, die oft mit einer narzisstischen Erziehung einhergehen.

Schließlich ist Selbstfürsorge im Umgang mit einem narzisstischen Elternteil von entscheidender Bedeutung. Die Teilnahme an Aktivitäten, die Entspannung, Freude und persönliches Wachstum fördern, kann dazu beitragen, den Stress und die emotionale Belastung der Beziehung zu mildern. Ganz gleich, ob es darum geht, Achtsamkeit zu praktizieren, einem Hobby nachzugehen oder eine spirituelle Verbindung zu suchen: Selbstfürsorge stärkt den Glauben daran, dass die eigenen Bedürfnisse und Gefühle gültig und wichtig sind.

Umgang mit Geschwisterrivalitäten und Familienkonflikten

Narzissmus innerhalb einer Familie betrifft nicht nur die Eltern-Kind-Beziehungen. Auch die Geschwisterdynamik und umfassendere familiäre Konflikte können durch die Anwesenheit eines narzisstischen Familienmitglieds stark beeinflusst werden. Narzisstische Eltern beispielsweise fördern oft Geschwisterrivalitäten, indem sie ihre Kinder gegeneinander ausspielen. Sie können Favoriten spielen, Geschwister vergleichen oder ein Kind als Sündenbock benutzen, während sie ein anderes zum „goldenen Kind" erheben. Diese Taktiken führen zu Spaltung und Konkurrenz und hindern Geschwister daran, gesunde, unterstützende Beziehungen aufzubauen.

Die goldene Kind-Sündenbock-Dynamik ist ein häufiges Muster in Familien mit einem narzisstischen Elternteil. Das goldene Kind wird typischerweise idealisiert und mit Lob und Privilegien überhäuft, aber diese Bevorzugung geht mit einem enormen Druck einher, die Erwartungen der Eltern zu erfüllen. Dem Sündenbock hingegen wird die Schuld an den Problemen der Familie zugeschrieben und er wird kritisiert oder vernachlässigt. Beide Rollen sind schädlich, da sie die Kinder daran hindern, ein sicheres Selbstgefühl zu entwickeln und Unmut zwischen Geschwistern fördern.

Der Umgang mit Geschwisterrivalitäten beginnt mit dem Erkennen der Dynamik, die im Spiel ist. Es ist wichtig zu verstehen, dass diese Rivalitäten oft das Ergebnis der Manipulation des narzisstischen Elternteils sind und nicht die wahren Gefühle der Geschwister zueinander widerspiegeln. Durch die Depersonalisierung des Konflikts können Geschwister beginnen, sich in Richtung Verständnis und Versöhnung zu bewegen.

Offene und ehrliche Kommunikation ist der Schlüssel zur Wiederherstellung von Geschwisterbeziehungen. Das Besprechen der Art und Weise, wie sich das Verhalten des narzisstischen Familienmitglieds auf die einzelnen Personen ausgewirkt hat, kann dazu beitragen, Empathie und gegenseitige Unterstützung zu fördern. Dazu kann es gehören, vergangene Verletzungen anzuerkennen, neue Erwartungen an die Beziehung zu stellen und sich auf gesündere Interaktionsmuster festzulegen.

In manchen Fällen kann es notwendig sein, den Geschwistern Grenzen zu setzen, die die toxische Dynamik der Familie aufrechterhalten. Beispielsweise benötigt ein Geschwisterkind, das das Verhalten des narzisstischen Elternteils übernommen hat oder sich weigert, seine Rolle im Konflikt anzuerkennen, möglicherweise eingeschränkten Kontakt. Der Schutz des eigenen geistigen und emotionalen Wohlbefindens sollte immer Vorrang vor der Aufrechterhaltung einer schädlichen oder belastenden Beziehung haben.

Bei der Bewältigung größerer familiärer Konflikte muss man sich darüber im Klaren sein, dass narzisstische Familienmitglieder oft von Chaos und Spaltung leben. Sie können Konflikte eskalieren, Gerüchte verbreiten oder andere manipulieren, um die Kontrolle zu behalten oder die Aufmerksamkeit von ihrem eigenen Verhalten abzulenken. Angesichts solcher Taktiken ruhig, sachlich und gelassen zu bleiben, kann dazu beitragen, Spannungen abzubauen und die Macht des Narzissten zu verringern.

Bei Familientreffen oder Gruppeninteraktionen kann es hilfreich sein, einen Verbündeten zu haben, der die Dynamik versteht und Unterstützung leisten kann. Dies kann ein Geschwisterkind, ein Cousin oder ein Freund der Familie sein, der sich des Verhaltens des narzisstischen Familienmitglieds bewusst ist und ihm bei der Bewältigung herausfordernder Situationen helfen kann.

Letztendlich erfordert die Bewältigung von Geschwisterrivalitäten und familiären Konflikten die Verpflichtung, das eigene Wohlergehen in den Vordergrund zu stellen. Während es möglicherweise nicht möglich ist, das Verhalten eines narzisstischen Familienmitglieds zu ändern oder jede Beziehung zu reparieren, können sich Einzelpersonen darauf konzentrieren, gesündere, erfüllendere Beziehungen außerhalb des toxischen Familienumfelds aufzubauen.

Schutz Ihrer psychischen Gesundheit in einer toxischen Umgebung

Das Leben in einer toxischen familiären Umgebung mit einem narzisstischen Familienmitglied kann erhebliche Auswirkungen auf die psychische Gesundheit haben. Die ständige Manipulation, Kritik und Konflikte können zu Angstgefühlen, Depressionen oder Hoffnungslosigkeit führen. Der Schutz der eigenen psychischen Gesundheit in einem solchen Umfeld erfordert eine Kombination aus Selbstbewusstsein, Selbstfürsorge und externer Unterstützung.

Einer der wichtigsten Schritte zum Schutz der psychischen Gesundheit ist das Setzen klarer und fester Grenzen. Grenzen schaffen ein Gefühl von Sicherheit und Kontrolle, indem sie definieren, welches Verhalten akzeptabel ist und was nicht. Beispielsweise könnte eine Person beschließen, den Raum zu verlassen oder ein Gespräch zu beenden, wenn das narzisstische Familienmitglied verbal beleidigend oder respektlos wird. Die konsequente Durchsetzung dieser Grenzen ist von entscheidender Bedeutung, auch wenn dies dazu führt, dass der Narzisst zurückschlägt oder Schuldgefühle auslöst.

Eine andere Strategie besteht darin, emotionale Distanz zu üben. Dazu gehört die Erkenntnis, dass das Verhalten des narzisstischen Familienmitglieds ein Spiegelbild seiner eigenen Unsicherheiten und nicht ein

Spiegelbild des eigenen Wertes ist. Indem Einzelpersonen sich weigern, ihre Worte oder Taten persönlich zu nehmen, können sie die emotionale Wirkung des Verhaltens des Narzissten verringern.

Therapie ist eine wertvolle Ressource für jeden, der mit einem toxischen familiären Umfeld zu kämpfen hat. Ein Therapeut kann Werkzeuge zur Stressbewältigung, zur Verarbeitung von Emotionen und zur Bewältigung schwieriger Familiendynamiken bereitstellen. Sie können Einzelpersonen auch dabei helfen, die langfristigen Auswirkungen des familiären Narzissmus zu erkunden und Strategien für Heilung und Wachstum zu entwickeln.

Für den Schutz der psychischen Gesundheit ist Selbstfürsorge unerlässlich. Dazu gehört die Priorisierung von Aktivitäten, die das körperliche, emotionale und geistige Wohlbefinden fördern, wie etwa Bewegung, gesunde Ernährung, ausreichend Schlaf und Entspannungstechniken. Achtsamkeitsübungen wie Meditation oder Tagebuchschreiben können dabei helfen, Stress abzubauen und das Selbstbewusstsein zu stärken.

Ebenso wichtig ist der Aufbau eines Unterstützungssystems außerhalb der Familie. Freunde, Kollegen oder Selbsthilfegruppen können ein Gefühl der Zugehörigkeit und Bestätigung vermitteln, das im toxischen familiären Umfeld möglicherweise fehlt. Der Austausch der eigenen Erfahrungen mit anderen, die vor ähnlichen Herausforderungen standen, kann auch ein Gefühl der Solidarität und Hoffnung fördern.

Schließlich ist es wichtig, sich daran zu erinnern, dass es in Ordnung ist, dem eigenen Wohlbefinden Vorrang vor der Aufrechterhaltung toxischer Familienbeziehungen zu geben. Obwohl die Gesellschaft der familiären Loyalität oft einen hohen Stellenwert einräumt, lohnt es sich nicht, die geistige Gesundheit oder das persönliche Glück zu opfern, um schädliche Bindungen aufrechtzuerhalten. In manchen Fällen kann es die gesündeste Entscheidung sein, den Kontakt zu einem narzisstischen Familienmitglied einzuschränken oder abzubrechen.

Der Umgang mit narzisstischen Familienmitgliedern ist ein komplexer und oft schmerzhafter Prozess. Wenn man jedoch die Dynamik versteht, Grenzen setzt, Unterstützung sucht und der psychischen Gesundheit Priorität einräumt, kann man diese Herausforderungen meistern und sich ein Leben schaffen, das frei von den toxischen Einflüssen des Narzissmus ist. Die Reise mag schwierig sein, aber sie ist auch eine Gelegenheit, die eigene Kraft, Identität und Seelenfrieden zurückzugewinnen.

Kapitel 7

Gemeinsame Erziehung mit einem Narzissten

Die gemeinsame Erziehung mit einem Narzissten ist eine der schwierigsten Herausforderungen, denen sich ein Mensch stellen kann. Narzisstische Menschen sind oft manipulativ, egozentrisch und nicht kompromissbereit, was die gemeinsame Erziehung von Kindern mit Spannungen und Konflikten behaftet macht. Im Interesse der Kinder ist es jedoch wichtig, Wege zu finden, diese Dynamik effektiv zu steuern. Ziel ist es, den Schaden zu minimieren, das Wohlergehen des Kindes zu schützen und so viel Frieden und Stabilität wie möglich zu bewahren. Dieses Kapitel befasst sich mit drei kritischen Bereichen der Co-Parenting mit einem Narzissten: Festlegung von Grenzen in Co-Parenting-Beziehungen, effektive Kommunikationstipps für schwierige Interaktionen und Schutz des emotionalen Wohlbefindens Ihres Kindes.

Grenzen in Co-Parenting-Beziehungen setzen

Grenzen sind die Grundlage jeder erfolgreichen gemeinsamen Elternschaft, aber sie sind besonders wichtig im Umgang mit einem narzisstischen Ex-Partner. Narzisstinnen leben von Kontrolle und Manipulation, und ohne klare Grenzen können sie zu weit gehen, Routinen stören und unnötiges Drama erzeugen. Das Festlegen und Aufrechterhalten fester Grenzen trägt dazu bei, eine strukturierte und vorhersehbare Umgebung für das Kind zu schaffen und gleichzeitig die Einmischungsmöglichkeiten des Narzissten einzuschränken.

Der erste Schritt beim Setzen von Grenzen besteht darin, den Umfang der Co-Parenting-Beziehung klar zu definieren. Dabei geht es darum, die Interaktionen auf Angelegenheiten zu beschränken, die strikt das Kind betreffen. Vermeiden Sie es, persönliche Themen zu besprechen, vergangene Konflikte noch einmal aufzuwärmen oder sich auf Streitigkeiten über Themen einzulassen, die nichts damit zu tun haben. Indem Sie den Fokus weiterhin auf die Bedürfnisse und das Wohlergehen des Kindes legen, verringern Sie die Möglichkeiten für den Narzissten, die Situation zu seinem eigenen Vorteil auszunutzen.

Die Erstellung eines detaillierten Erziehungsplans ist eine weitere effektive Möglichkeit, Grenzen zu setzen. Ein gut ausgearbeiteter Plan beschreibt Sorgerechtsvereinbarungen, Besuchspläne, Entscheidungszuständigkeiten und Protokolle für die Streitbeilegung. Es lässt wenig Raum für Unklarheiten, was entscheidend ist, wenn man es mit einem narzisstischen Mitelternteil zu tun hat, der möglicherweise versucht, die Regeln zu umgehen oder Schlupflöcher auszunutzen. Wenn möglich, lassen Sie den Erziehungsplan durch einen Gerichtsbeschluss formalisieren, um die Durchsetzbarkeit sicherzustellen.

Die Wahrung der physischen und emotionalen Distanz ist ein wesentlicher Bestandteil der Grenzsetzung. Beschränken Sie persönliche Interaktionen auf das unbedingt Notwendige, wie z. B. Kinderaustausche oder Schulveranstaltungen. Führen Sie diesen Austausch nach Möglichkeit an neutralen, öffentlichen Orten durch, um die Wahrscheinlichkeit von Konflikten zu verringern. Ebenso wichtig ist die emotionale Distanz; Widerstehen Sie dem Drang, sich auf Argumente einzulassen, sich gegen Anschuldigungen zu wehren oder den Narzissten um Bestätigung zu bitten.

Es ist auch wichtig, Grenzen hinsichtlich Ihrer Zeit und Verfügbarkeit festzulegen. Narzissten versuchen möglicherweise, Ihren Zeitplan durch Last-Minute-Anfragen, Änderungen der Besuchspläne oder unnötige Kommunikation zu stören. Seien Sie konsequent bei der Durchsetzung vereinbarter Vereinbarungen und setzen Sie klare Grenzen dafür, wann und wie Sie zur Kommunikation bereit sind. Sie könnten sich beispielsweise dafür entscheiden, nur zu bestimmten Zeiten auf E-Mails oder Nachrichten zu antworten und nicht dringende Anfragen, die außerhalb dieser Parameter liegen, zu ignorieren.

Die Durchsetzung von Grenzen kann eine Herausforderung sein, insbesondere wenn der Narzisst Widerstand leistet oder Vergeltung übt. Konsistenz ist jedoch der Schlüssel. Vermeiden Sie es, zu schwanken oder dem Druck nachzugeben, da dies manipulatives Verhalten verstärken kann. Suchen Sie rechtliche oder professionelle Unterstützung auf, wenn der Narzisst sich weigert, sich an den festgelegten Erziehungsplan zu halten oder wiederholt Grenzen überschreitet.

Effektive Kommunikationstipps für schwierige Interaktionen

Effektive Kommunikation ist in jeder Co-Parenting-Beziehung von entscheidender Bedeutung, besonders wichtig wird sie jedoch im Umgang mit einem Narzissten. Narzisstische Menschen nutzen Kommunikation oft als Instrument der Manipulation, Provokation oder Kontrolle. Um diese Herausforderungen zu meistern, ist es wichtig, Strategien zu übernehmen, die Klarheit, Neutralität und emotionale Distanz in den Vordergrund stellen.

Eine der effektivsten Kommunikationstechniken im Umgang mit einem narzisstischen Mitelternteil ist die BIFF-Methode: Seien Sie kurz, informativ, freundlich und fest. Halten Sie Nachrichten kurz und prägnant, geben Sie nur die notwendigen Informationen weiter und achten Sie auf einen höflichen, aber neutralen Ton. Vermeiden Sie emotionale Sprache, persönliche Angriffe oder Streitversuche, da diese die Situation wahrscheinlich eskalieren lassen. Anstatt zum Beispiel zu sagen: „Du kommst immer zu spät und bist unverantwortlich", könntest du sagen: „Bitte denk daran, dass die Abgabe laut Elternplan um 17:00 Uhr erfolgt."

Die Verwendung schriftlicher Kommunikation, wann immer möglich, kann dazu beitragen, Missverständnisse zu reduzieren und eine Aufzeichnung der Interaktionen zu erstellen. E-Mails, Textnachrichten oder Co-Parenting-Apps bieten eine klare und dokumentierte Kommunikationsspur, die bei Streitigkeiten hilfreich sein kann. Halten Sie sich beim Verfassen von Nachrichten an Fakten und vermeiden Sie Spekulationen, Anschuldigungen oder emotionale Kommentare.

Wenn eine Kommunikation von Angesicht zu Angesicht unvermeidbar ist, üben Sie aktives Zuhören und bleiben Sie ruhig. Narzissten versuchen möglicherweise, eine emotionale Reaktion hervorzurufen oder das Gespräch vom Thema abzulenken. Konzentrieren Sie sich auf das aktuelle Thema und lenken Sie das Gespräch wieder auf die Bedürfnisse des Kindes, wenn es in den persönlichen Bereich abdriftet. Wenn der Narzisst feindselig oder streitlustig wird, beenden Sie die Interaktion und wiederholen Sie die Diskussion zu einem späteren Zeitpunkt.

Eine weitere wirksame Strategie besteht darin, „Gray Rock"-Kommunikation zu nutzen. Bei diesem Ansatz geht es darum, auf den Narzissten auf eine Weise zu reagieren, die uninteressant, emotionslos und nicht reaktiv ist. Das Ziel besteht darin, dem Narzissten das emotionale Engagement zu entziehen, das er sucht, und dadurch seine Motivation zu provozieren oder zu manipulieren zu verringern. Wenn der Narzisst beispielsweise einen provokanten Kommentar abgibt, antworten Sie mit einer einfachen, neutralen Aussage wie „Ich werde Ihren Vorschlag berücksichtigen."

Es ist auch wichtig, klare Kommunikationsprotokolle zu etablieren. Entscheiden Sie im Voraus, wie und wann die Kommunikation stattfinden soll, und halten Sie sich an diese Richtlinien. Sie könnten beispielsweise zustimmen, nur über eine Co-Parenting-App zu kommunizieren oder Telefonanrufe nur auf Notfälle zu beschränken. Durch das Festlegen dieser Parameter wird die Möglichkeit unnötiger oder störender Interaktionen verringert.

Wenn es zu Streitigkeiten kommt, konzentrieren Sie sich auf die Lösung des Problems und nicht auf die Schuldzuweisung. Verwenden Sie „Ich"-Aussagen, um Ihre Bedenken auszudrücken und Lösungen vorzuschlagen, bei denen das Wohl des Kindes im Vordergrund steht. Anstatt zum Beispiel zu sagen: „Sie machen es immer schwierig", könnten Sie sagen: „Ich mache mir Sorgen darüber, wie sich die kurzfristigen Terminänderungen auf den Tagesablauf unseres Kindes auswirken." Können wir uns darauf einigen, etwaige Änderungen mindestens 48 Stunden im Voraus bekannt zu geben?"

Ziehen Sie schließlich in Betracht, einen neutralen Dritten wie einen Mediator oder einen Erziehungskoordinator einzubeziehen, um die Kommunikation zu erleichtern und Streitigkeiten beizulegen. Diese Fachkräfte können für Struktur, Verantwortlichkeit und eine unparteiische Perspektive sorgen, was besonders in konfliktreichen Co-Parenting-Situationen wertvoll sein kann.

Schützen Sie das emotionale Wohlbefinden Ihres Kindes

Der wichtigste Aspekt der gemeinsamen Erziehung mit einem Narzissten ist der Schutz des emotionalen Wohlbefindens Ihres Kindes. Kinder, die bei einem narzisstischen Elternteil aufwachsen, laufen Gefahr, emotionale Manipulation, Vernachlässigung oder Bevorzugung zu erfahren, was nachhaltige Auswirkungen auf ihr Selbstwertgefühl und ihre psychische Gesundheit haben kann. Als nicht-narzisstischer Elternteil spielen Sie eine entscheidende Rolle bei der Bereitstellung von Stabilität, Unterstützung und einem fürsorglichen Umfeld.

Eine der wirksamsten Möglichkeiten, das emotionale Wohlbefinden Ihres Kindes zu schützen, besteht darin, eine sichere und unterstützende häusliche Umgebung zu schaffen. Stellen Sie sicher, dass Ihr Zuhause ein Ort ist, an dem sich Ihr Kind geliebt, geschätzt und respektiert fühlt. Fördern Sie eine offene Kommunikation, bestätigen Sie ihre Gefühle und sorgen Sie für konsistente Routinen und Grenzen.

Bringen Sie Ihrem Kind bei, seine Gefühle auf gesunde Weise zu erkennen und auszudrücken. Narzisstische Eltern lehnen die Gefühle ihres Kindes oft ab oder entwerten sie, was zu Verwirrung und Selbstzweifeln führen kann. Indem Sie die Emotionen Ihres Kindes anerkennen und bestätigen, helfen Sie ihm, emotionale Intelligenz und Belastbarkeit zu entwickeln.

Modellieren Sie gesundes Verhalten und gesunde Beziehungen für Ihr Kind. Zeigen Sie Respekt, Empathie und effektive Kommunikation im Umgang mit anderen, einschließlich des narzisstischen Mitelternteils. Auch wenn es verlockend sein mag, vor Ihrem Kind den Narzissten zu kritisieren oder sich über ihn auszusprechen, sollten Sie dies vermeiden. Konzentrieren Sie sich stattdessen darauf, Ihrem Kind beizubringen, wie es mit herausfordernden Situationen mit Anmut und Integrität umgeht.

Statten Sie Ihr Kind mit Werkzeugen aus, um seine Beziehung zum narzisstischen Elternteil zu steuern. Dazu könnte gehören, ihnen beizubringen, Grenzen zu setzen, manipulatives Verhalten zu erkennen und bei Bedarf Unterstützung zu suchen. Ermutigen Sie sie, ihren Instinkten zu vertrauen, und versichern Sie ihnen, dass es in Ordnung ist, ihr eigenes Wohlergehen in den Vordergrund zu stellen.

Wenn Sie bei Ihrem Kind Anzeichen emotionaler Belastung bemerken, wie z. B. Angstzustände, Rückzug oder Verhaltensänderungen, sollten Sie darüber nachdenken, professionelle Unterstützung in Anspruch zu nehmen. Ein Therapeut oder Berater kann Ihrem Kind einen sicheren Raum bieten, in dem es seine Emotionen verarbeiten, Bewältigungsstrategien entwickeln und seine Widerstandsfähigkeit stärken kann. Eine Therapie kann auch dazu beitragen, etwaige langfristige Auswirkungen des Verhaltens des narzisstischen Elternteils zu bekämpfen.

Denken Sie schließlich daran, dass Ihre Rolle als nicht-narzisstischer Elternteil darin besteht, eine beständige und zuverlässige Quelle der Liebe und Unterstützung zu sein. Auch wenn Sie das Verhalten des narzisstischen Co-Elternteils nicht kontrollieren können, können Sie Ihrem Kind die Werkzeuge und Ressourcen zur Verfügung stellen, die es zum Gedeihen benötigt. Indem Sie ihr emotionales Wohlbefinden in den Vordergrund stellen, befähigen Sie sie, die Herausforderungen des Aufwachsens mit einem narzisstischen Elternteil zu meistern und ein gesundes, erfülltes Leben aufzubauen.

Die gemeinsame Erziehung mit einem Narzissten ist zweifellos eine Herausforderung, aber es ist möglich, eine gemeinsame Erziehungsdynamik zu schaffen, die das Wohl des Kindes in den Vordergrund stellt. Indem Sie Grenzen setzen, effektive Kommunikationsstrategien anwenden und das emotionale Wohlbefinden Ihres Kindes schützen, können Sie diese komplexe Beziehung mit Zuversicht und Anmut meistern. Der Weg mag schwierig sein, aber der Lohn, ein widerstandsfähiges, gut angepasstes Kind großzuziehen, ist unermesslich.

Kapitel 8

Über toxische Beziehungen hinaus gedeihen

Eine toxische Beziehung zu verlassen ist ein mutiger Schritt, aber die Reise ist damit noch nicht zu Ende. Wahre Heilung beginnt, wenn Sie sich dazu verpflichten, über den Schmerz hinaus zu gedeihen und Ihr Leben mit Sinn und Freude zurückzugewinnen. Toxische Beziehungen hinterlassen oft tiefe emotionale Narben, verzerrte Wahrnehmungen von Liebe und Muster, die sorgfältige Aufmerksamkeit und Heilung erfordern. Um darüber hinaus erfolgreich zu sein, müssen bewusst gesündere Beziehungen aufgebaut, Selbstbewusstsein entwickelt und gelernt werden, ein Leben frei von Manipulation, Chaos und Angst zu führen.

In diesem Kapitel erfahren Sie, wie Sie toxische Beziehungen überwinden können, indem Sie sich auf den Aufbau gesunder Beziehungen und Freundschaften konzentrieren, Ihre eigenen emotionalen Muster erkennen und ein Leben in Freiheit und Frieden führen.

Aufbau gesunder Beziehungen und Freundschaften

Einer der lohnendsten Aspekte des Lebens jenseits einer toxischen Beziehung ist die Möglichkeit, echte, bedeutungsvolle Beziehungen aufzubauen. Gesunde Beziehungen basieren auf Vertrauen, gegenseitigem Respekt, Empathie und gemeinsamen Werten. Sie bieten emotionale Unterstützung und ein Zugehörigkeitsgefühl und schaffen so eine Grundlage für persönliches Wachstum und Glück.

Um gesunde Beziehungen aufzubauen, ist es wichtig, zunächst zu verstehen, wie sie aussehen. Eine gesunde Beziehung ermöglicht eine offene Kommunikation, in der sich beide Parteien sicher fühlen, ihre Gedanken und Gefühle auszudrücken, ohne Angst vor Urteil oder Vergeltung zu haben. Grenzen werden respektiert und Meinungsverschiedenheiten werden durch gegenseitiges Verständnis und nicht durch Manipulation oder Kontrolle gelöst. Es besteht ein Gleichgewicht zwischen Geben und Nehmen, wobei beide Personen zum Wohlergehen der Beziehung beitragen.

Der Aufbau gesunder Beziehungen beginnt mit der Auswahl der richtigen Menschen, die Sie in Ihr Leben aufnehmen möchten. Nachdem Sie eine toxische Beziehung verlassen haben, fühlen Sie sich möglicherweise zu Personen hingezogen, die ähnliche Eigenschaften aufweisen wie die toxische Person, die

Sie zurückgelassen haben. Es ist entscheidend, diesen Kreislauf zu erkennen und zu durchbrechen. Achten Sie auf Warnsignale wie mangelndes Einfühlungsvermögen, manipulatives Verhalten oder übermäßige Kontrolle. Vertrauen Sie Ihrem Instinkt, wenn sich etwas unangenehm anfühlt, und zögern Sie nicht, sich von Personen zu distanzieren, die diese Eigenschaften aufweisen.

Ebenso wichtig ist es zu lernen, grüne Flaggen in Beziehungen zu erkennen. Suchen Sie nach Personen, die Freundlichkeit, Ehrlichkeit, Verantwortungsbewusstsein und die Bereitschaft zur offenen Kommunikation zeigen. Es entstehen gesunde Freundschaften und romantische Beziehungen mit Menschen, die Ihre Stärken schätzen, Ihre Ziele unterstützen und Sie ermutigen, Ihr authentisches Selbst zu sein.

Ein weiterer wichtiger Aspekt beim Aufbau gesunder Beziehungen ist das Setzen und Aufrechterhalten von Grenzen. Grenzen definieren, welches Verhalten Sie für akzeptabel halten und schützen Ihr emotionales und körperliches Wohlbefinden. In einer gesunden Beziehung werden Grenzen nicht nur respektiert, sondern auch willkommen geheißen. Wenn Sie beispielsweise Zeit alleine brauchen, um neue Energie zu tanken, wird ein unterstützender Freund oder Partner dieses Bedürfnis verstehen und respektieren.

Wenn Sie sich mit unterstützenden Menschen umgeben, können Sie das Vertrauen in Beziehungen wieder aufbauen. Suchen Sie nach Menschen, die Ihre Werte teilen und Positivität in Ihr Leben bringen. Dazu kann es gehören, alte Freundschaften wieder aufleben zu lassen, sich gesellschaftlichen oder beruflichen Gruppen anzuschließen oder Veranstaltungen zu besuchen, bei denen Sie Gleichgesinnte treffen können.

Die Pflege gesunder Freundschaften und Beziehungen erfordert auch Anstrengung und Verletzlichkeit. Zeigen Sie echtes Interesse an anderen, hören Sie aktiv zu und seien Sie bereit, Ihre eigenen Erfahrungen zu teilen. Der Aufbau von Vertrauen braucht Zeit. Seien Sie also geduldig mit sich selbst und anderen, während Sie diese neuen Verbindungen meistern.

Erkennen Sie Ihre eigenen emotionalen Muster

Das Verstehen und Ansprechen Ihrer eigenen emotionalen Muster ist ein entscheidender Teil des Erfolgs über toxische Beziehungen hinaus. Toxische Dynamiken können zu ungelösten Emotionen, ungesunden Bewältigungsmechanismen und tief verwurzelten Reaktionen führen, die Ihre Fähigkeit, gesunde Verbindungen aufzubauen und aufrechtzuerhalten, beeinträchtigen können. Das

Erkennen dieser Muster ist der erste Schritt, um sich von ihnen zu befreien.

Ein häufiges emotionales Muster, das aus toxischen Beziehungen entsteht, ist die Angst vor Verletzlichkeit. Nachdem Sie Verrat oder Manipulation erlebt haben, zögern Sie möglicherweise, sich anderen zu öffnen oder ihnen Ihr wahres Selbst zu zeigen. Obwohl dieser Selbstschutzinstinkt natürlich ist, kann er Sie auch daran hindern, tiefe, bedeutungsvolle Verbindungen aufzubauen. Wenn Sie mit der Zeit lernen, mit Vertrauen zwischen gesunder Verletzlichkeit und Rücksichtslosigkeit zu unterscheiden, können Sie diese Angst überwinden.

Ein weiteres Muster, auf das man achten sollte, ist die Tendenz, externe Bestätigung einzuholen. Toxische Beziehungen führen oft dazu, dass Menschen die Bedürfnisse und Meinungen anderer über ihre eigenen stellen. Infolgedessen verlassen Sie sich möglicherweise auf externe Bestätigung, um sich würdig oder wertgeschätzt zu fühlen. Um dies zu überwinden, üben Sie Selbstbestätigung, indem Sie Ihre Erfolge, Stärken und Fortschritte anerkennen und feiern.

Ein geringes Selbstwertgefühl ist eine weitere häufige Folge toxischer Beziehungen. Die ständige Kritik, Kritik oder Vernachlässigung, die Sie möglicherweise erlebt haben, kann dazu führen, dass Sie an Ihrem Wert zweifeln. Der Wiederaufbau des Selbstwertgefühls braucht Zeit und erfordert bewusste Anstrengung.

Beginnen Sie damit, negative Selbstgespräche herauszufordern, sich auf Ihre Stärken zu konzentrieren und sich mit Menschen zu umgeben, die Sie ermutigen und unterstützen.

Co-Abhängigkeit ist ein weiteres emotionales Muster, das sich im Zuge einer toxischen Beziehung entwickeln kann. Zu koabhängigen Tendenzen gehört es, den Bedürfnissen anderer Vorrang vor den eigenen zu geben, Zustimmung einzuholen oder sich für die Gefühle anderer verantwortlich zu fühlen. Um sich aus der Co-Abhängigkeit zu befreien, müssen Sie Selbstfürsorge üben, Ihre Grenzen durchsetzen und lernen zu akzeptieren, dass Sie nicht dafür verantwortlich sind, andere zu reparieren oder zu retten.

Eine Therapie oder Beratung kann unglaublich hilfreich sein, um emotionale Muster zu erkennen und anzugehen. Ein Therapeut kann Ihnen helfen, die Grundursachen Ihrer Muster zu identifizieren, Ihnen Werkzeuge zur Verfügung stellen, um sich von ihnen zu befreien, und Sie dabei unterstützen, gesündere Reaktionen zu entwickeln.

Journaling ist ein weiteres wirksames Instrument zur Selbsterkenntnis. Wenn Sie über Ihre Erfahrungen, Emotionen und Auslöser schreiben, können Sie wiederkehrende Muster erkennen und Erkenntnisse über Ihre Reaktionen gewinnen. Beispielsweise bemerken Sie möglicherweise, dass Sie dazu neigen, Konfrontationen zu vermeiden, oder dass Sie sich von anderen beruhigen lassen, wenn Sie sich unsicher fühlen. Das Erkennen dieser Tendenzen ermöglicht es Ihnen, bewusst mit ihnen umzugehen.

Letztendlich geht es beim Erkennen Ihrer eigenen emotionalen Muster darum, Verantwortung für Ihren Heilungsweg zu übernehmen. Auch wenn Sie nicht für das toxische Verhalten anderer verantwortlich sind, haben Sie die Macht zu entscheiden, wie Sie reagieren und wie Sie sich weiterentwickeln.

Ein Leben in Freiheit und Frieden annehmen

Eine der größten Belohnungen beim Verlassen einer toxischen Beziehung ist die Möglichkeit, ein Leben in Freiheit und Frieden zu führen. In dieser Phase Ihrer Reise geht es darum, Ihr Selbstwertgefühl zurückzugewinnen, Ihren Leidenschaften nachzugehen und ein Leben zu schaffen, das Ihre Werte und Wünsche widerspiegelt.

Freiheit von einer toxischen Beziehung bedeutet, nicht länger durch Manipulation, Angst oder Abhängigkeit kontrolliert zu werden. Es ermöglicht Ihnen, Entscheidungen zu treffen, die Ihren besten Interessen entsprechen, und Ihr eigenes Glück und Wohlbefinden in den Vordergrund zu stellen. Das Umarmen dieser Freiheit beginnt damit, die Vergangenheit loszulassen und alle verbleibenden Schuldgefühle, Wut oder Groll loszulassen.

Vergebung zu üben kann in diesem Prozess ein wichtiger Schritt sein. Vergebung bedeutet nicht, das toxische Verhalten zu entschuldigen oder zu dulden, sondern vielmehr, sich von der emotionalen Belastung zu befreien, die es mit sich bringt. Indem Sie den Schmerz und den Groll loslassen, schaffen Sie Raum für Heilung und Wachstum.

Die Wiederentdeckung Ihrer Leidenschaften und Interessen ist eine weitere Möglichkeit, ein Leben in Freiheit zu führen. Toxische Beziehungen verbrauchen oft Zeit und Energie und lassen wenig Raum für persönliche Erfüllung. Nutzen Sie diese Gelegenheit, um neue Hobbys zu entdecken, alte Interessen wieder aufleben zu lassen oder sich Ziele zu setzen, die Sie begeistern und inspirieren. Egal, ob Sie reisen, eine neue Fähigkeit erlernen oder einem kreativen Unterfangen nachgehen, diese Aktivitäten können Ihnen dabei helfen, sich wieder mit Ihrem authentischen Selbst zu verbinden.

Ebenso wichtig ist es, ein Gefühl des inneren Friedens zu entwickeln. Innerer Frieden entsteht dadurch, dass man sich selbst so akzeptiert, wie man ist, seinen Instinkten vertraut und auch angesichts von Herausforderungen einen Sinn für Ausgeglichenheit und Ruhe bewahrt. Praktiken wie Achtsamkeit, Meditation und Dankbarkeit können dazu beitragen, dieses Gefühl des Friedens zu fördern.

Um ein Leben in Freiheit und Frieden aufzubauen, gehört auch die Festlegung von Absichten für die Zukunft dazu. Denken Sie darüber nach, wie Ihr Leben aussehen soll, und ergreifen Sie Maßnahmen, um Ihr Handeln an Ihrer Vision auszurichten. Wenn Sie beispielsweise Wert auf Stabilität und Sicherheit legen, konzentrieren Sie sich darauf, eine solide Grundlage für Ihre Karriere oder Ihre Finanzen zu schaffen. Wenn Sie Verbindung und Gemeinschaft priorisieren, investieren Sie in Beziehungen und Aktivitäten, die Menschen zusammenbringen.

Denken Sie im weiteren Verlauf daran, Ihren Fortschritt und Ihr Wachstum zu feiern. Über toxische Beziehungen hinaus erfolgreich zu sein, ist kein linearer Prozess und es wird Momente des Zweifels oder Rückschläge geben. Seien Sie freundlich zu sich selbst und erkennen Sie, dass jeder Schritt, den Sie unternehmen, ein Beweis für Ihre Stärke und Widerstandsfähigkeit ist.

Über toxische Beziehungen hinaus erfolgreich zu sein, ist eine Reise der Transformation und Ermächtigung. Indem Sie gesunde Beziehungen aufbauen, Ihre emotionalen Muster erkennen und ansprechen und ein Leben in Freiheit und Frieden führen, können Sie eine Zukunft voller Freude, Sinn und Erfüllung schaffen. Sie werden nicht durch Ihre Vergangenheit definiert, sondern durch die Entscheidungen, die Sie für die

Zukunft treffen. Dieses Kapitel markiert den Beginn eines neuen Kapitels in Ihrem Leben – eines, das wirklich Ihr eigenes ist.

Kapitel 9

Anderen helfen, Narzissmus zu verstehen

Eine der wirkungsvollsten Möglichkeiten, über die eigenen Erfahrungen mit narzisstischen Beziehungen hinaus erfolgreich zu sein, besteht darin, anderen zu helfen, die Dynamik des Narzissmus und seine Auswirkungen auf Einzelpersonen und Beziehungen zu verstehen. Die narzisstische Persönlichkeitsstörung (NPD) wird oft missverstanden und mangelndes Bewusstsein kann für die direkt und indirekt Betroffenen dauerhaften Schaden anrichten. Indem Sie Wissen teilen, Unterstützung anbieten und sich für Bewusstsein einsetzen, können Sie andere dazu befähigen, toxisches Verhalten zu erkennen, Grenzen zu setzen und ihre emotionale Gesundheit zu schützen.

In diesem Kapitel wird untersucht, wie Sie anderen helfen können, Narzissmus zu verstehen, indem Sie sich darauf konzentrieren, Freunde und Familie über NPD aufzuklären, andere in toxischen Beziehungen zu unterstützen und sich für Bewusstsein und emotionale Gesundheit einzusetzen.

Aufklärung von Freunden und Familie über NPD

Bildung ist der erste Schritt zum Verständnis und zur Bekämpfung von Narzissmus. Freunde und Familienmitglieder, die mit NPD nicht vertraut sind, haben möglicherweise Schwierigkeiten, die Komplexität der Störung und ihre Auswirkungen zu verstehen. Sie ignorieren möglicherweise die Anzeichen narzisstischen Missbrauchs, geben dem Opfer die Schuld oder geben gut gemeinte, aber nicht hilfreiche Ratschläge. Indem Sie sie aufklären, können Sie ein größeres Verständnis und mehr Unterstützung fördern.

Erklären Sie zunächst, was eine narzisstische Persönlichkeitsstörung ist und wie sie sich manifestiert. Verwenden Sie eine klare, einfache Sprache, um die Hauptmerkmale von NPD zu beschreiben, wie z. B. mangelndes Einfühlungsvermögen, ein übertriebenes Selbstwertgefühl und das Bedürfnis nach Kontrolle. Heben Sie den Unterschied zwischen narzisstischen Merkmalen und einer ausgeprägten NPD hervor, um ihnen zu helfen, zu verstehen, dass nicht jedes egozentrische Verhalten mit der Störung gleichzusetzen ist.

Es ist auch wichtig, die Dynamik narzisstischer Beziehungen zu diskutieren. Viele Menschen sind sich der manipulativen Taktiken, die Narzissten anwenden, wie Gaslighting, Love Bombing und emotionale

Manipulation, nicht bewusst. Indem Sie diese Verhaltensweisen erklären, können Sie Freunden und Familie helfen, die Anzeichen einer toxischen Beziehung zu erkennen und zu verstehen, warum es für die Opfer so schwierig ist, sie zu verlassen.

Teilen Sie Beispiele oder Anekdoten, entweder aus Ihren eigenen Erfahrungen oder aus seriösen Quellen, um Ihre Argumente zu veranschaulichen. Geschichten haben oft eine tiefere Wirkung als abstrakte Konzepte und können anderen helfen, sich in die Herausforderungen hineinzuversetzen, mit denen Menschen in einer Beziehung mit Narzissten konfrontiert sind.

Ermutigen Sie Freunde und Familie, nach zuverlässigen Ressourcen zu suchen, um mehr über NPD zu erfahren. Empfehlen Sie Bücher, Artikel, Podcasts oder Videos, die von Psychologen oder Überlebenden narzisstischen Missbrauchs erstellt wurden. Diese Ressourcen können tiefere Einblicke und praktische Ratschläge zur Unterstützung geliebter Menschen bieten.

Beheben Sie häufige Missverständnisse über Narzissmus. Viele Menschen glauben zum Beispiel, dass Narzissten leicht zu erkennen sind, weil sie arrogant und prahlerisch sind, aber verdeckte Narzissten können genauso manipulativ sein und dabei demütig oder schikaniert wirken. Machen Sie klar, dass Narzissmus in einem Spektrum existiert und dass die Störung verschiedene Formen annehmen kann.

Zur Aufklärung von Freunden und Familie gehört auch, ihnen zu helfen, die langfristigen Auswirkungen von narzisstischem Missbrauch zu verstehen. Erklären Sie, wie Opfer infolge des Missbrauchs Angstzustände, Depressionen, posttraumatische Belastungsstörungen oder ein geringes Selbstwertgefühl verspüren können. Betonen Sie, wie wichtig Geduld, Mitgefühl und vorurteilsfreie Unterstützung während des Heilungsprozesses sind.

Andere in toxischen Beziehungen unterstützen

Um jemanden in einer toxischen Beziehung zu unterstützen, sind Empathie, Geduld und eine vorurteilsfreie Herangehensweise erforderlich. Menschen in einer Beziehung mit Narzissten sind häufig mit Gefühlen der Verwirrung, Scham und Selbstzweifel konfrontiert, was es für sie schwierig machen kann, Hilfe zu suchen oder die Beziehung zu verlassen. Ihre Rolle als Unterstützer besteht darin, ihnen einen sicheren Raum zum Austausch ihrer Erfahrungen zu bieten und sie zu befähigen, Entscheidungen zu treffen, die für ihr Wohlbefinden am besten sind.

Der erste Schritt, jemanden in einer toxischen Beziehung zu unterstützen, besteht darin, ohne Urteil zuzuhören. Erlauben Sie ihnen, ihre Gedanken und

Gefühle in ihrem eigenen Tempo mitzuteilen, und vermeiden Sie es, sie zu unterbrechen oder unaufgefordert Ratschläge zu geben. Bestätigen Sie ihre Gefühle, indem Sie ihren Schmerz anerkennen und ihnen versichern, dass ihre Erfahrungen real und bedeutsam sind. Du könntest zum Beispiel sagen: „Ich kann sehen, wie verletzend das für dich gewesen sein muss" oder „Es hört sich an, als hättest du viel durchgemacht."

Vermeiden Sie es, ihnen Vorwürfe zu machen oder sie dafür zu kritisieren, dass sie in der Beziehung bleiben. Viele Menschen in toxischen Beziehungen fühlen sich aufgrund von Angst, finanzieller Abhängigkeit oder emotionaler Manipulation gefangen. Kommentare wie „Warum gehst du nicht einfach?" kann ihr Gefühl der Unzulänglichkeit verstärken und die Wahrscheinlichkeit verringern, dass sie sich öffnen. Konzentrieren Sie sich stattdessen darauf, sie zu stärken, indem Sie ihre Stärken hervorheben und sie daran erinnern, dass sie es verdienen, mit Respekt und Freundlichkeit behandelt zu werden.

Bieten Sie gegebenenfalls praktische Unterstützung an. Dazu könnte gehören, ihnen bei der Suche nach Ressourcen wie Therapeuten, Selbsthilfegruppen oder Rechtsberatung zu helfen. Wenn sie erwägen, die Beziehung zu verlassen, unterstützen Sie sie bei der Erstellung eines Sicherheitsplans, der die Suche nach einem sicheren Aufenthaltsort, die Sicherung wichtiger

Dokumente und die Organisation des Transports umfassen kann.

Respektieren Sie ihre Autonomie und Entscheidungen, auch wenn Sie nicht mit ihnen einverstanden sind. Das Verlassen einer toxischen Beziehung ist ein zutiefst persönlicher und oft komplexer Prozess, und es steht Ihnen nicht zu, Druck auszuüben oder Entscheidungen zu diktieren. Drücken Sie stattdessen Ihre Unterstützung aus und lassen Sie sie wissen, dass Sie für sie da sind, unabhängig davon, wie sie sich entscheiden.

Achten Sie auf Ihre eigenen Grenzen und Ihr emotionales Wohlbefinden, wenn Sie jemanden in einer toxischen Beziehung unterstützen. Es kann emotional belastend sein, von ihren Erfahrungen zu hören, insbesondere wenn sie sich trotz Ihrer Bedenken dafür entscheiden, in der Beziehung zu bleiben. Setzen Sie Grenzen dafür, wie viel Zeit und Energie Sie für die Unterstützung aufwenden können, und holen Sie sich bei Bedarf selbst Unterstützung.

Ermutigen Sie sie, professionelle Hilfe in Anspruch zu nehmen, wenn sie dafür offen sind. Ein Therapeut oder Berater kann spezielle Unterstützung, Werkzeuge und Strategien bereitstellen, um ihm zu helfen, seine Situation zu meistern und den Heilungsprozess einzuleiten.

Eintreten für Bewusstsein und emotionale Gesundheit

Sich für Bewusstsein und emotionale Gesundheit einzusetzen, ist eine wirkungsvolle Möglichkeit, anderen dabei zu helfen, Narzissmus und seine Auswirkungen zu verstehen. Indem Sie das Bewusstsein schärfen, tragen Sie dazu bei, das Stigma rund um NPD und narzisstischen Missbrauch zu brechen und Einzelpersonen in die Lage zu versetzen, toxische Dynamiken in ihrem eigenen Leben zu erkennen und anzugehen.

Eine Möglichkeit, sich dafür einzusetzen, besteht darin, Ihre eigene Geschichte zu erzählen. Persönliche Erzählungen können wirksame Instrumente zur Sensibilisierung und Förderung von Empathie sein. Unabhängig davon, ob Sie Ihre Erfahrungen durch Schreiben, Vorträge, soziale Medien oder Selbsthilfegruppen teilen, kann Ihre Geschichte andere dazu inspirieren, Hilfe zu suchen, Grenzen zu setzen oder sich über Narzissmus aufzuklären.

Achten Sie beim Teilen Ihrer Geschichte auf Ihr Publikum und auf den Detaillierungsgrad, den Sie offenlegen möchten. Konzentrieren Sie sich auf die Lektionen, die Sie gelernt haben, und die Erkenntnisse, die Sie gewonnen haben, und betonen Sie die Bedeutung von Selbstfürsorge, Belastbarkeit und persönlichem Wachstum.

Die Aufklärung anderer durch Workshops, Seminare oder Online-Inhalte ist eine weitere Möglichkeit, sich für Bewusstsein einzusetzen. Sie können mit Fachleuten für psychische Gesundheit, Gemeindeorganisationen oder Schulen zusammenarbeiten, um Ressourcen und Informationen zu NPD und narzisstischem Missbrauch bereitzustellen. Zu den Themen könnten das Erkennen der Anzeichen einer toxischen Beziehung, das Setzen von Grenzen und die Unterstützung betroffener Angehöriger gehören.

Sich für Bewusstsein einzusetzen, bedeutet auch, gesellschaftliche Normen und Überzeugungen in Frage zu stellen, die toxisches Verhalten aufrechterhalten. Beispielsweise können kulturelle Ideale, die Dominanz, Anspruch oder emotionale Unterdrückung verherrlichen, zur Entwicklung narzisstischer Tendenzen beitragen. Durch die Förderung von Werten wie Empathie, Verantwortungsbewusstsein und emotionaler Intelligenz können Sie dazu beitragen, eine Kultur zu schaffen, in der gesunde Beziehungen und emotionale Gesundheit im Vordergrund stehen.

Die Unterstützung von Initiativen zur psychischen Gesundheit ist eine weitere Möglichkeit, sich für das Bewusstsein einzusetzen. Dazu kann es gehören, dass Sie sich ehrenamtlich bei Organisationen engagieren, die Ressourcen für Überlebende narzisstischen Missbrauchs bereitstellen, an Wohltätigkeitsorganisationen für psychische Gesundheit spenden oder an Kampagnen teilnehmen, die das Bewusstsein für NPD und seine Auswirkungen schärfen.

Interessenvertretung bedeutet auch, andere zu ermutigen, ihrer emotionalen Gesundheit Priorität einzuräumen. Teilen Sie die Bedeutung von Selbstfürsorge, Therapie und dem Aufbau unterstützender Beziehungen. Betonen Sie, dass Heilung eine Reise ist und dass die Suche nach Hilfe ein Zeichen von Stärke und nicht von Schwäche ist.

Indem Sie Freunde und Familie aufklären, andere in toxischen Beziehungen unterstützen und sich für Bewusstsein und emotionale Gesundheit einsetzen, können Sie einen bedeutenden Einfluss auf das Leben der von Narzissmus Betroffenen nehmen. Ihre Bemühungen helfen nicht nur Einzelpersonen, ihre eigenen Herausforderungen zu meistern, sondern tragen auch zu einem umfassenderen Verständnis der narzisstischen Dynamik und der Bedeutung des emotionalen Wohlbefindens bei. Auf diese Weise spielen Sie eine entscheidende Rolle bei der Förderung einer mitfühlenderen und informierteren Gesellschaft.

Abschluss

Die Kraft des Verstehens und Heilens

Die Auswirkungen narzisstischer Beziehungen zu verstehen und von ihnen zu heilen, ist eine transformative Reise – eine, die Mut, Belastbarkeit und Selbstreflexion erfordert. In diesem Buch haben wir die Feinheiten der narzisstischen Persönlichkeitsstörung, die verheerenden Auswirkungen, die sie auf Beziehungen hat, und die Schritte untersucht, die erforderlich sind, um sich zu befreien und wieder ein gesünderes, erfüllteres Leben aufzubauen. In diesem letzten Kapitel ist es wichtig, über die Kraft des Verstehens und der Heilung als Mittel nachzudenken, um Ihre Erzählung zurückzugewinnen, Ihr emotionales Fundament zu stärken und Hoffnung für die Zukunft zu wecken.

Narzissmus zu verstehen ist nicht nur eine akademische Übung oder eine Checkliste zur Identifizierung von Merkmalen. Es ist ein tiefgreifender Akt der Selbsterkenntnis und Ermächtigung. Wenn Sie sich die Zeit nehmen, etwas über NPD und ihre Auswirkungen zu lernen, beginnen Sie, toxische Muster als das zu erkennen, was sie wirklich sind – manipulatives Verhalten, das wenig mit Ihrem Wert zu tun hat und alles mit den tiefen Unsicherheiten und unerfüllten emotionalen Bedürfnissen des Narzissten zu tun hat. Dieses Verständnis trägt dazu bei, die Mythen und Missverständnisse zu beseitigen, die Menschen oft in toxischen Kreisläufen gefangen halten.

Für viele kann die Erkenntnis, was sie in einer narzisstischen Beziehung durchgemacht haben, sowohl befreiend als auch überwältigend sein. Es liegt eine gewisse Bestätigung darin, den Missbrauch zu benennen und seine Auswirkungen zu erkennen. Doch es öffnet auch die Schleusen für Trauer, Wut und Schmerz. Die Heilung davon erfordert Mut, denn es zwingt Sie dazu, sich Emotionen zu stellen, die Sie möglicherweise jahrelang unterdrückt haben. In dieser Konfrontation unternehmen Sie jedoch die ersten Schritte in Richtung emotionaler Freiheit.

Heilung verläuft weder linear noch ist sie ein einheitlicher Prozess. Für einige könnte Heilung bedeuten, dass sie nach Jahren des Schweigens ihre Stimme wiederentdecken. Für andere kann es darum gehen, ihr Selbstwertgefühl wiederherzustellen, Grenzen zu setzen oder eine Therapie zur Traumaverarbeitung zu suchen. Welche Form auch immer sie annimmt, Heilung ist zutiefst persönlich und es gibt keinen richtigen oder falschen Weg. Der Schlüssel liegt darin, mit Mitgefühl für sich selbst und Geduld auf der Reise anzugehen.

Einer der wirkungsvollsten Aspekte der Heilung ist die Fähigkeit, generationsübergreifende Funktions- und

Toxizitätszyklen zu durchbrechen. Wenn Sie sich für Verständnis und Heilung einsetzen, verändern Sie nicht nur Ihr eigenes Leben, sondern erzeugen auch einen Welleneffekt, der die Menschen um Sie herum positiv beeinflussen kann. Ganz gleich, ob Sie Ihren Kindern gesunde Grenzen vorgeben, einen Freund in einer toxischen Beziehung unterstützen oder sich für das Bewusstsein für narzisstischen Missbrauch einsetzen – Ihre Heilung hat das Potenzial, andere zu inspirieren und zu stärken.

Die vielleicht größte Kraft des Verstehens und Heilens ist die Freiheit, die sie mit sich bringt. Indem Sie Ihre Identität zurückgewinnen und in Ihre Wahrheit eintreten, befreien Sie sich vom Schatten des Einflusses des Narzissten. Sie werden nicht mehr durch ihre Kritik, Manipulationen oder Projektionen definiert. Stattdessen werden Sie zum Autor Ihrer eigenen Geschichte – einer Geschichte, die Widerstandsfähigkeit, Wachstum und den Triumph des menschlichen Geistes feiert.

Blick nach vorn: Ein Leben voller Wachstum und Erfüllung

Wenn Sie aus den Schatten einer toxischen Beziehung herauskommen, ist es wichtig, Ihren Fokus vom Überleben auf das Gedeihen zu verlagern. Es erwartet Sie ein Leben voller Wachstum und Erfüllung – ein Leben, in dem Sie nicht länger an das Chaos und die

Manipulation der Vergangenheit gebunden sind, sondern die Freiheit haben, Ihre Träume zu verwirklichen, sinnvolle Verbindungen aufzubauen und Ihr Wohlbefinden zu fördern.

Der Blick nach vorne beginnt mit der Verpflichtung zur Selbstentwicklung. Der Weg der Heilung aus einer narzisstischen Beziehung bringt oft verborgene Stärken und ungenutztes Potenzial zum Vorschein. Diese Entdeckungen können als Grundlage für die persönliche Entwicklung und Transformation dienen. Ganz gleich, ob Sie eine Ausbildung absolvieren, eine neue Karriere beginnen oder Ihrer kreativen Leidenschaft nachgehen: Wachstum ist ein Beweis dafür, dass Sie in der Lage sind, Widrigkeiten zu überwinden.

Das Herzstück eines erfüllten Lebens ist die Kultivierung von Selbstliebe und Selbstwertgefühl. Toxische Beziehungen untergraben oft Ihr Selbstwertgefühl und führen dazu, dass Sie sich unwürdig oder gebrochen fühlen. Der Wiederaufbau dieses Fundaments erfordert bewusste Anstrengungen. Feiern Sie Ihre Erfolge, egal wie klein sie sind, und erinnern Sie sich an Ihren inneren Wert. Affirmationen, Selbstpflegeroutinen und die Umgebung mit unterstützenden Menschen können dazu beitragen, Ihr Selbstwertgefühl zu stärken.

Zu Wachstum gehört auch, das Vertrauen wiederherzustellen – sowohl in sich selbst als auch in andere. Narzisstische Beziehungen können dazu führen, dass Sie an Ihren Instinkten zweifeln und Ihre

Fähigkeit, fundierte Entscheidungen zu treffen, in Frage stellen. Um das Vertrauen in sich selbst wiederherzustellen, müssen Sie zunächst Ihre Grenzen respektieren, auf Ihre innere Stimme hören und die Weisheit anerkennen, die Sie aus Ihren Erfahrungen gewonnen haben.

Es kann einige Zeit dauern, anderen wieder zu vertrauen, aber es ist nicht unmöglich. Gehen Sie neue Beziehungen mit Vorsicht, aber auch mit offenem Herzen an. Suchen Sie nach Personen, die Empathie, Ehrlichkeit und gegenseitigen Respekt zeigen. Denken Sie daran, dass gesunde Beziehungen auf Vertrauen, Kommunikation und gemeinsamen Werten basieren.

Ein erfülltes Leben bedeutet auch, die Freiheit zu nutzen, authentisch man selbst zu sein. In einer toxischen Beziehung haben Sie sich möglicherweise unter Druck gesetzt gefühlt, den Erwartungen des Narzissten zu entsprechen oder Ihr wahres Selbst zu unterdrücken. Jetzt ist es an der Zeit, neu zu entdecken, wer Sie sind – Ihre Leidenschaften, Werte und Träume. Erlauben Sie sich, verletzlich zu sein, Risiken einzugehen und neue Möglichkeiten zu erkunden.

Wenn Sie in die Zukunft blicken, bedenken Sie, wie wichtig es ist, etwas zurückzugeben und zum Wohl der Allgemeinheit beizutragen. Das Teilen Ihrer Geschichte, die Unterstützung anderer in ähnlichen Situationen oder das Eintreten für Bewusstsein können ein Gefühl von Sinn und Erfüllung vermitteln. Anderen zu helfen stärkt nicht nur Ihre eigene Heilung, sondern erzeugt auch einen Welleneffekt der Ermächtigung und Hoffnung.

Zu einem erfüllten Leben gehört auch, im gegenwärtigen Moment Freude zu finden. Toxische Beziehungen rauben Ihnen oft die Fähigkeit, die einfachen Freuden des Lebens zu genießen, da Sie ständig auf Eierschalen laufen oder mit Konflikten rechnen. Gewinnen Sie Ihre Freude zurück, indem Sie Dankbarkeit und Achtsamkeit üben und im Augenblick leben. Egal, ob Sie Zeit mit Ihren Lieben verbringen, die Natur genießen oder einem Hobby nachgehen, finden Sie, was Ihnen Freude bereitet, und machen Sie es zu Ihrer Priorität.

Letztendlich geht es beim Blick nach vorne darum, die Idee anzunehmen, dass Ihre Vergangenheit nicht Ihre Zukunft definiert. Auch wenn die Narben einer toxischen Beziehung bleiben können, müssen sie nicht den Verlauf Ihres Lebens bestimmen. Jeder Tag ist eine Gelegenheit zu wachsen, zu heilen und ein Leben zu schaffen, das Ihr wahrstes Selbst widerspiegelt.

Lassen Sie dieses Buch am Ende als Erinnerung an Ihre Widerstandsfähigkeit und Stärke dienen. Sie haben sich den Herausforderungen einer narzisstischen Beziehung gestellt und sind auf der anderen Seite mit einem tieferen Verständnis Ihrer selbst und der Dynamik toxischen Verhaltens hervorgegangen. Die Reise war nicht einfach, aber sie hat Sie zu einem stärkeren, weiseren und selbstbewussteren Menschen gemacht.

Die Kraft des Verstehens und der Heilung liegt in seiner Fähigkeit, Schmerz in Absicht, Angst in Mut und Zweifel in Zuversicht umzuwandeln. Nehmen Sie diese Lektionen auf Ihrem weiteren Weg mit und nutzen Sie sie, um ein Leben aufzubauen, das reich an Liebe, Frieden und Erfüllung ist.

Denken Sie daran, dass Sie auf dieser Reise nicht allein sind. Es gibt eine Gemeinschaft von Überlebenden, Fürsprechern und Fachleuten, die bereit sind, Sie bei der Bewältigung dieses neuen Kapitels Ihres Lebens zu unterstützen. Nehmen Sie Kontakt auf, teilen Sie Ihre Geschichte und streben Sie weiterhin nach Wachstum und Verständnis.

Es liegt an Ihnen, die Zukunft zu gestalten – eine Zukunft, die nicht durch die Schatten der Vergangenheit definiert wird, sondern durch das Licht Ihrer eigenen Stärke, Hoffnung und Entschlossenheit. Nehmen Sie es mit offenem Herzen und dem festen Glauben an Ihre Erfolgsfähigkeit an. Das Beste kommt noch.